Iniciação à Vivência Cristã V

Mistagogia

Dados Internacionais de Catalogação na Publicação (CIP)
(Câmara Brasileira do Livro, SP, Brasil)

Pagnussat, Leandro Francisco. Iniciação à Vivência Cristã : Mistagogia/ Leandro Francisco Pagnussat, Maria Augusta Borges. – 1. ed. – Petrópolis, RJ: Vozes, 2013. – (Iniciação à Vivência Cristã ; v. V)

Bibliografia
ISBN 978-85-326-4568-5

1. Catequese – Igreja Católica 2. Catecumenato 3. Evangelização 4. Mistagogia 5. Ritos iniciáticos – Aspectos religiosos – Igreja Católica 6. Sacramentos – Igreja Católica 7. Vida cristã I. Borges, Maria Augusta. II. Título. III. Série.

13-03890   CDD-268.82

Índices para catálogo sistemático:
1. Iniciação à Vivência Cristã : Catequese : Igreja Católica : Cristianismo   268.82

Leandro Francisco Pagnussat
Maria Augusta Borges

Iniciação à Vivência Cristã V

Mistagogia

EDITORA
VOZES
Petrópolis

© 2013, Editora Vozes Ltda.
Rua Frei Luís, 100
25689-900 Petrópolis, RJ
Internet: http://www.vozes.com.br
Brasil

Todos os direitos reservados. Nenhuma parte desta obra poderá ser reproduzida ou transmitida por qualquer forma e/ou quaisquer meios (eletrônico ou mecânico, incluindo fotocópia e gravação) ou arquivada em qualquer sistema ou banco de dados sem permissão escrita da editora.

Diretor editorial
Frei Antônio Moser

Editores
Aline dos Santos Carneiro
José Maria da Silva
Lídio Peretti
Marilac Loraine Oleniki

Secretário executivo
João Batista Kreuch

Editoração: Fernando Sergio Olivetti da Rocha
Projeto gráfico e diagramação: Ana Maria Oleniki
Capa: Ana Maria Oleniki
Ilustração de capa: Graph-it

ISBN 978-85-326-4568-5

Editado conforme o novo acordo ortográfico.

Este livro foi composto e impresso pela Editora Vozes Ltda.

Dedicamos esta obra a Dom Eugênio Rixen, nosso pastor e irmão. Agradecemos a ele a opção pela catequese do caminho em nossa Igreja diocesana, o incentivo e a fraterna colaboração.

Sumário

Apresentação 9

Introdução 11

Encontro celebrativo – Somos Igreja missionária
a serviço do Reino de Deus 16

    Primeiro encontro com os neófitos
    O mistério do amor 22

    Segundo encontro com os neófitos
    Gravarei no vencedor o meu novo nome (Ap 3,11-13) 26

    Terceiro encontro com os neófitos
    Novos cristãos nascidos e renascidos na noite pascal 29

    Quarto encontro com os neófitos
    Perseverança no caminho de Jesus 33

    Quinto encontro com os neófitos
    Caminhar em comunidade no caminho de Jesus 36

Novena em preparação à Solenidade de Pentecostes 39

    Primeiro dia da novena – Quem é Jesus 40

    Segundo dia da novena – Quem é Jesus 47

    Terceiro dia da novena – Quem é Jesus 53

    Quarto dia da novena – Quem é Jesus 59

    Quinto dia da novena – Quem é Jesus 64

    Sexto dia da novena – Quem é Jesus 69

    Sétimo dia da novena – Quem é Jesus 74

    Oitavo dia da novena – Quem é Jesus 79

    Nono dia da novena – Quem é Jesus 85

    Rumo à Solenidade de Pentecostes – Vigília 90

Missa de Pentecostes 95

Uma palavra para concluir 102

Referências 105

Os autores 107

Apresentação

Após ter vivido os três primeiros tempos de Iniciação à Vida Cristã: pré-catecumenato, catecumenato, purificação e iluminação, apresentamos agora o último tempo: a Mistagogia, que complementa a Coleção Iniciação à Vivência Cristã.

Este realiza-se durante os 50 dias do Tempo Pascal. Os participantes receberam os Sacramentos de Iniciação Cristã ou renovaram seus compromissos batismais. Inicia-se então a catequese mistagógica.

A palavra mistagogia significa entrar no mistério da fé, da vida, da morte e da ressurreição de Jesus, celebrado nos sacramentos. Não basta só conhecer intelectualmente esses fatos, mas precisa-se que se tornem fonte de vida para nós, para dar sentido a tudo o que vivemos. Entrar no mistério de Jesus é ter os mesmos sentimentos e atitudes dele.

Com os discípulos de Emaús encontrando Jesus Ressuscitado no caminho, devemos dizer: "não estava ardendo o nosso coração quando Ele nos falava pelo caminho e nos explicava as Escrituras?" (Lc 24,32).

Este quinto volume apresenta um estágio pastoral, cinco encontros e uma novena. No final há duas celebrações: a Vigília e a Missa de Pentecostes. O estágio pastoral é fundamental para colocar em prática tudo o que se aprendeu. A fé precisa ser vivida. Os cinco encontros ajudam no seguimento de Jesus no caminho da fé do Ressuscitado. E a novena, em forma de leitura bíblica orante, quer nos oferecer o mistério de Deus, Pai criador que nos deu seu Filho na comunhão do Espírito Santo. É Jesus que nos revela o amor do Pai pela força do Espírito Santo.

Com a celebração de Pentecostes a formação religiosa termina. A catequese catecumenal é um tempo na vida daqueles(as) que procuram ser iniciados(as) à fé cristã. A recepção dos sacramentos e a catequese mistagógica não marcam um fim, mas uma partida. Dizem os nossos bispos: "A catequese não deve ser só ocasional, reduzida a momentos prévios aos sacramentos ou à Iniciação Cristã, mas sim "itinerário catequético permanente".

---

[1] *Documento de Aparecida*, n. 298. Brasília: CNBB, p. 138.

Como a vida traz sempre novos desafios, um aprofundamento constante de fé se faz necessário.

Os encontros e celebrações dos cinco volumes da Coleção Iniciação à Vivência Cristã aqui apresentados são fruto de uma longa experiência numa comunidade paroquial. Agradeço o Pe. Leandro Francisco Pagnussat e Maria Augusta Borges de nos partilhar suas ricas experiências que renovaram toda a vida da comunidade paroquial.

Dom Eugênio Rixen
Bispo de Goiás
Presidente da Comissão Episcopal Pastoral
para Animação Bíblico-Catequética do Centro-Oeste

Introdução

Estamos ao final, no tempo e no espaço, da preparação para assumir o extraordinário Caminho de Vida e Salvação... que nunca terá fim.

É muito inspirador iniciar este quarto tempo ao som deste hino de louvor em forma de bênção, que Paulo, o Apóstolo dos Gentios, desenvolveu no início da Carta aos Efésios. Deixemo-nos invadir pela mensagem e pela melodia deste cântico bíblico, que faz crescer em nós o dom do louvor e nos mergulha nas profundezas do mistério de Deus.

> Bendito seja o Deus e Pai de Nosso Senhor Jesus Cristo que nos céus nos abençoou com toda a bênção espiritual em Cristo. Ele nos escolheu em Cristo antes da constituição do mundo para sermos santos e irrepreensíveis diante dele no amor. Predestinou-nos à adoção de filhos por Jesus Cristo, conforme a benevolência de sua vontade, para louvor da glória de sua graça que nos concedeu gratuitamente em seu Bem-amado. Nele temos a redenção pelo seu sangue, a remissão dos pecados segundo a riqueza de sua graça, que derramou em abundância sobre nós com toda a sabedoria e inteligência. Deu-nos a conhecer o mistério de sua vontade, conforme a livre decisão que antes havia tomado em Cristo, a fim de realizá-lo na plenitude dos tempos: restaurar em Cristo, sob uma só cabeça, todas as coisas, tanto as que estão no céu como as que estão na terra (Ef 1,3-10).

Mistagogia... O que significa? O sentido desta palavra é: introdução ao mistério. Em relação à fé, a palavra mistério tem um significado especial, um tanto diferente do que nos acostumamos a perceber na linguagem comum. O Mistério em questão não se expressa com uma definição teológica; é um mergulho por inteiro no sentido da nossa fé. Ao longo de três tempos, tanto ensinamento, tanto testemunho e zelo no acompanhamento tinham a mais séria e reta intenção de conduzir ao Mistério. Afinal, chega o grande dia de viver plenamente esse Mistério em meio a tantas luzes, sons, cores, muitas emoções e alegria.

O mergulho no Mistério é a culminância de uma adesão que constrói nossa identidade e o alimento para aprofundar essa mesma identidade.

Esse mergulho é um modo de participar da festa de núpcias do Cordeiro, a experiência de uma comunhão com Deus que continuará dando Vida até o fim dos tempos para que a sua vitória na ressurreição da carne aconteça na plenificação da história de cada ser humano. A Igreja, desde as suas origens, na fidelidade dos apóstolos e discípulos ao "ide e pregai a Boa-nova a toda a criatura", foi revestida pelo Espírito de Jesus, que lhe dá sabedoria, ciência, fortaleza e discernimento. Foi pensando nessa força capaz de alimentar continuamente a opção cristã que a Igreja, mãe geradora de novos filhos e irmãos amados do Pai e do Filho, somou ao Caminho de Vida e Salvação um quarto tempo, relativamente breve, mas que, por seu objetivo, quer inspirar a perseverança dos "neófitos" ou recém-iniciados na fé e na vida cristã até o fim da caminhada neste mundo. Vale a pena seguir essa orientação da Igreja.

Recordando o que já foi visto em volumes anteriores poderá ser bom e útil relembrar o esquema geral, que é uma síntese de todo o caminho catecumenal:

a) O primeiro tempo, denominado pré-catecumenato

Neste acontece a evangelização, ou seja, o primeiro anúncio do Evangelho, a Boa-nova, que o Pai nos enviou na pessoa de seu Filho Jesus. O objetivo deste tempo é levar os adultos a viver a experiência do encontro com o Senhor do caminho. No final deste tempo acontece a primeira etapa. A celebração de entrada no catecumenato.

b) O segundo tempo, denominado catecumenato

O objetivo deste é instruir os adultos que a partir daqui são denominados catecúmenos. Esta instrução vem através das catequeses, que transmitem a doutrina que o Senhor Jesus confiou aos seus apóstolos, a fim de esclarecer a fé, amadurecer na conversão para Deus, despertar o gosto pela participação nos mistérios litúrgicos e, sobretudo, desenvolver a prática do amor concreto na direção dos sofredores e pobres.

No final deste segundo tempo acontece a segunda etapa – celebração da eleição ou da inscrição do nome, que deverá acontecer no Primeiro Domingo da Quaresma. A partir deste rito recebem o nome de eleitos.

c) O terceiro tempo, denominado purificação e iluminação

O objetivo deste é levar os eleitos ao aprofundamento da fé esclarecida na intimidade com Deus, construindo assim um sólido alicerce humano e espiritual, que irá garantir a perseverança até o fim.

No final deste terceiro tempo acontece a terceira etapa. Celebração dos Sacramentos de Iniciação à Vida Cristã. Normalmente esta deverá acontecer na Vigília Pascal, se possível com presidência do pastor diocesano. Esta é a noite santa de iniciação nos sacramentos. Portanto, os eleitos deveriam receber os três sacramentos nesta celebração.

d) O quarto tempo, denominado mistagogia

É o tempo para a vivência e o aprofundamento nos mistérios da fé, para os quais foram preparados ao longo do caminho e celebrados na Vigília Pascal. A mistagogia tem a duração de todo o Tempo Pascal. Aqueles que foram eleitos são chamados de neófitos, ou seja, novos cristãos. Neste tempo se destaca as missas pelos neófitos, onde a comunidade deverá envolvê-los com afetuosa acolhida, e, ainda, a inserção nos trabalhos pastorais da comunidade.

Destaques da mistagogia

- Mergulho no mistério celebrado na Paixão, Morte e Ressurreição do Senhor Jesus. Isso significa caminhar em profundidade na direção do mistério central de nossa fé.

- Acolhimento: os presbíteros, as(os) catequistas, padrinhos, madrinhas, a comunidade envolvem os neófitos com laços fraternos. Assim, meditando o Evangelho, participando da Eucaristia, praticando a caridade, os novos cristãos vão progredindo no conhecimento e na vivência do Mistério Pascal.

- Verdadeiramente, este é o tempo favorável para aprofundarem a experiência do Mistério de Deus, revelado na face do seu Cristo. "O conhecimento mais completo e frutuoso, novas explanações e, sobretudo, a experiência dos sacramentos recebidos" (RICA, n. 38), são instrumentos preciosos para o fortalecimento e a perseverança no caminho de Jesus.

- Neste quarto tempo percebem como foi bom terem a oportunidade dessa renovação espiritual, que os leva a acolher a Palavra de Deus, deixando-se conduzir com mais docilidade pelo Espírito e experimentando "quão suave é o Senhor" que os chamou e escolheu.

- Cria-se laços mais profundos com os irmãos de caminhada, sentindo-se acolhidos e valorizados, cultivam o amor que gera o compromisso com a comunidade cristã.

- Para completar, afirmamos que o espaço sagrado e primordial da mistagogia é o que o RICA denomina "missas pelos neófitos" ou missas dos domingos no Tempo Pascal. Nestas missas as leituras do ano "A" do lecionário, que foram marcantes no terceiro tempo, são especialmente apropriadas. Essas missas, além de encher de alegria os corações dos neófitos e da equipe do catecumenato, irão motivar outros adultos a participarem deste caminho, na próxima vez. Aqui os neófitos devem ter participação na liturgia da missa.

- É de suma importância agendar com o bispo um encontro onde ele deve presidir uma das missas pelos neófitos.

- Vale lembrar que o primeiro encontro deste volume deve acontecer na semana seguinte da Páscoa, ou seja, na Oitava Pascal, com todo o conselho pastoral da comunidade, onde serão acolhidos e convidados a conhecerem mais profundamente a dinâmica e missão da mesma. É um encontro de caráter celebrativo.

- Os encontros com os neófitos devem acontecer dentro da possibilidade das comunidades no período de uma hora antes da missa dos neófitos (quer dizer, no domingo). Assim, logo em seguida, irão juntos para a missa ocupando seus lugares juntos na assembleia.

- Sugerimos a novena de Pentecostes nas casas, conforme a possibilidade de cada comunidade. Vale lembrar que a novena trará sempre o mesmo tema: "Quem é Jesus". Os objetivos é que no decorrer dos dias trarão elementos e dimensões novas. Esta novena segue uma sequência própria diferente dos encontros que estamos acostumados até aqui.

- Os cantos sugeridos neste livro se encontram no livro *Cantos e orações – Para a liturgia da missa, celebrações e encontros*, organizado por Ir. Míria T. Kolling, Fr. José Luiz Prim e Fr. Alberto Beckhäuser, publicado pela Editora Vozes. No decorrer dos encontros estão indicadas as páginas e os números dos cantos desta referência.

Para uma melhor visualização apresenta-se o quadro na sequência, que indica os momentos deste tempo.

Encontro dos neófitos com o CPP	Semana da Oitava da Páscoa
Primeiro encontro dos neófitos	Primeiro Domingo de Páscoa
Segundo encontro dos neófitos	Segundo Domingo de Páscoa
Terceiro encontro dos neófitos	Terceiro Domingo de Páscoa
Quarto encontro dos neófitos	Quarto Domingo de Páscoa
Quinto encontro dos neófitos	Quinto Domingo de Páscoa
Novena de Pentecostes	
Vigília de Pentecostes	
Solenidade de Pentecostes	

Encontro celebrativo

SOMOS IGREJA MISSIONÁRIA A SERVIÇO DO REINO DE DEUS[2]

Objetivo

Levar os eleitos a abraçarem a missão como condição para a perseverança no caminho de Jesus.

Preparação do ambiente

Prepara-se o ambiente com os seguintes elementos: um caminho formado com flores, pedras e espinhos; um cartaz onde esteja escrito: "Quem quiser ser meu discípulo, tome a sua cruz e me siga"; figuras de pés, colocadas até o final do caminho; dentro do caminho, uma cruz grande e cruzes menores (uma para cada eleito) em volta dela; uma Bíblia e uma vela; imagem ou estampa de Nossa Senhora Aparecida; faixas com os nomes de cada pastoral existente na paróquia. Fazer um convite para que os padrinhos participem deste encontro.

---

[2] Este encontro deve, na medida do possível, acontecer com o Conselho de Pastoral Paroquial (CPP), já durante a Oitava da Páscoa, no decorrer da semana.

I. Acolhida e oração

Acolhida

No espaço em frente à entrada, onde está o caminho, os neófitos serão recebidos pelo padre, pelas catequistas e acompanhantes, que estarão cantando um refrão de acolhida. O padre acolhe-os em nome da equipe do catecumenato e da comunidade paroquial.

Quem preside: Hoje nós acolhemos a cada um(a) de vocês com uma alegria muito especial, porque a partir deste encontro vocês não serão apenas neófitos, mas discípulos(as) missionários(as) para conosco anunciar a Boa-nova de Jesus a todo este povo que Deus nos confia. Para começar convidamos vocês a entrarem, pois um importante caminho nos espera. Vamos acolher este caminho, com tudo o que ele nos reserva, cantando:

Canto: *O Senhor me chamou a trabalhar* (p. 143, n. 629).

(Ao longo do caminho, formando fileira nos seus dois lados, estarão os membros do CPP e das diversas pastorais. O padre e as catequistas vão à frente. Os padrinhos entram junto com os neófitos.)

Oração

Canto: *Vem, vem, vem!* (Súplica ao Espírito Santo) (p. 93, n. 354).

Catequista: Vamos a partir das profundezas de nosso coração rezar as estrofes desta oração em coros alternados, cantando entre estes o refrão do canto *Eis-me aqui, Senhor* (p. 129, n. 557).

Lado 1: Pai, é maravilhoso saber que Tu nos escolheste e chamaste pelo nome, para levar-nos o nome de teu Filho Jesus por onde nos enviar.

Refrão: Eis-me aqui, Senhor...

Lado 2: Senhor Jesus, foi ao som do teu nome, que é o mais lindo entre o céu e a terra, que recebemos pelo teu Santo Espírito o nosso nome novo, que nos identifica como discípulos(as) de teu Reino.

Refrão: Eis-me aqui, Senhor...

Lado 1: Como é gratificante saber e sentir que somos o povo da promessa que continuamos a caminhar pelas estradas da vida em busca do novo reino que nos reconquistaste.

Refrão: Eis-me aqui, Senhor...

Lado 2: Obrigado, Senhor, porque ao longo do Caminho, que és Tu, soltas nossas amarras para anunciarmos o teu Reino de vida e liberdade.

Refrão: Eis-me aqui, Senhor...

II. Introdução

Jesus é o maior missionário do Pai. "Deus amou tanto o mundo que enviou seu Filho unigênito não para condenar o mundo, mas para que o mundo seja salvo por meio dele" (Jo 3,16-17). Ele só teria três anos para anunciar e inaugurar o Novo Reino, para reconduzir toda a humanidade ao coração do Pai. Mas Ele não fez isto sozinho. Sua primeira missão foi reunir doze, com quem quis partilhar tudo. Antes ensinou e testemunhou com palavras e sinais que o Reino que veio inaugurar era principalmente dos pobres, dos pequenos e dos simples.

Quando completou sua obra de salvação, deixou alicerçada nos apóstolos e discípulos uma Igreja missionária. "Ide, portanto, fazer discípulos entre todas as nações, batizando-os em nome do Pai, do Filho e do Espírito Santo e ensinando-os a observar tudo quanto vos ordenei. E eis que eu estou convosco todos os dias, até a consumação dos séculos!" (Mt 28,19-20).

A equipe do catecumenato quer e precisa completar a sua missão, oferecendo a cada um a oportunidade de experimentar a alegria de serem também discípulos(as) e missionários(as) de Jesus Cristo. Sem isso sua luta e dedicação terão sido em vão.

Canto: *Ó Pai, somos nós o povo eleito* (p. 144, n. 635)

III. Olhando a vida

Neste encontro vamos conhecer melhor as ações pastorais de nossa comunidade para fazer a opção em qual delas cada um deseja realizar seu estágio pastoral. É através dele que o Senhor Jesus vai revelar a missão que Ele reserva aos novos cristãos nesta nossa Igreja.

A primeira e mais importante característica do estágio cada um vem experimentando desde o início no acompanhamento. Por meio do seu(sua) padrinho(madrinha) conheceu mais a Deus através de sua Palavra e de tantos sinais do seu amor por nós. Os acompanhantes fizeram isso porque sentiram que Jesus chamava cada um para ajudar outras pessoas a vivenciar esta experiência tão importante.

Por menor que seja o tempo de sua presença conosco, você percebeu que o padre não é missionário sozinho. Ele também aprendeu com Jesus; imitando o Mestre, convidou muitos outros para trabalhar pelo Reino de Deus.

Vamos agora ouvir quem está coordenando as pastorais em nossa comunidade. A este grupo nós chamamos de CPP (Conselho Paroquial de Pastoral).

(É importante prever um tempo para que cada coordenador de pastoral apresente o trabalho que é realizado na sua área. Ele fará isso em poucas palavras, mas mostrará também que existe grande necessidade de termos mais operários nessa missão. Entre uma e outra apresentação serão cantados refrões que falam do chamado e da resposta a Deus. Ex.: Eis-me aqui, Senhor (p. 129, n. 557); Senhor, se Tu me chamas (p. 130, n. 562); Tu te abeiraste da praia (p. 133, n. 578).)

IV. Olhando a Bíblia

Catequista: Agora é Jesus quem vai nos chamar através de sua Palavra. Vamos aclamar.

Aclamação à Palavra: *Eu vim para escutar* (p. 127, n. 541).

Proclamação da Palavra: Lc 10,1-12.
(Pode ser realizado em forma de diálogo.)

1. Releia em silêncio o texto em espírito de oração, escutando o que Jesus quer falar. Para isto pergunte a Ele: Senhor, o que queres que eu faça pelo teu Reino nesta nossa comunidade?

2. Escreva sua resposta, dando atenção aos seus talentos e possibilidades e também à sua realidade. Viva este momento partilhando a reflexão sobre a resposta com seu padrinho ou madrinha.

Canto: *Vai, missionário do Senhor* (p. 142, n. 627) ou *O Senhor me chamou a trabalhar* (p. 143, n. 629).

V. Conclusão e gesto concreto

Conclusão

Os discípulos foram enviados dois a dois; vocês também caminharam com um acompanhante, mas depois seus companheiros serão todos os que trabalham em cada área da missão. Há muitos campos de trabalho. Haverá dificuldades, mas a graça do Senhor e o apoio dos companheiros serão grandes ajudas. Deus nos chama a transformar o mundo, construindo paz, fraternidade, solidariedade.

Gesto concreto

Cada um assume diante de Deus o que escreveu como resposta à pergunta realizada depois da Proclamação do Evangelho.

Avaliação

Os neófitos e seus acompanhantes devem expressar o que sentiram durante a reflexão.

VI. Oração e bênção

Os padrinhos e madrinhas são convidados a entregar a cruz e a vela a cada neófito. Assim que cada um receber estes símbolos irão dizer onde irão realizar o seu estágio pastoral.

Maria, mãe de Jesus, também recebeu um chamado especial de Deus. A resposta dela foi uma abertura total à vontade do Pai: "Eis aqui a serva do Senhor! Faça-se em mim segundo a tua palavra". Maria não ficou só nas palavras. Toda a sua vida foi uma entrega a Deus. Ela se tornou o grande modelo de seguidora fiel do plano de Deus, e agora está no céu e pode nos ajudar com seu exemplo e com sua intercessão. Reconhecendo a grandeza de sua missão, hoje costumamos rezar assim:

Todos: Salve Rainha, mãe de misericórdia...

A missão se faz com a ajuda da Trindade, que nos inspira e nos sustenta com a graça divina. Por isso oramos, colocando nossa missão diante do Pai, do Filho e do Espírito Santo:

> Ó Deus Pai, pela cruz de teu Filho salvaste o mundo. Ele nos enviou em missão. Pelo batismo que temos recebido, abre-nos sempre mais à ação do teu Espírito para que, a exemplo dos doze apóstolos, possamos nós também assumir a missão de anunciar o teu amor. Que o Pai, o Filho e o Espírito Santo estejam sempre conosco. Amém.

Canto: *Eis-me aqui, Senhor* (p. 129, n. 557).
(Pode acontecer logo em seguida uma confraternização com o CPP e com os outros membros das pastorais.)

Primeiro encontro com os neófitos

O MISTÉRIO DO AMOR[3]

Objetivo

Crescer no conhecimento para aprofundar no mistério do amor.

Preparação do ambiente

Círio Pascal, Bíblia, água, flores e cartaz "O Senhor ressuscitou, aleluia!" Manter o cartaz do coração no centro do espaço. Livro (caderno) do estágio pastoral para a assinatura dos novos cristãos.

I. Acolhida e oração

Acolhida

As(Os) catequistas, padrinhos e madrinhas podem entregar um cartão com uma mensagem pascal a cada um(a). Enquanto isso alguém diz: "temos a certeza que vocês sentirão falta do símbolo do

---

[3] Este encontro acontece no Primeiro Domingo do Tempo Pascal, e assim, sucessivamente, até o quinto encontro. Conforme nossa experiência realizamos estes encontros antes das missas do domingo.

caminho. Não o colocamos neste encontro, porque temos a certeza que ele está bem-enraizado no coração de vocês. Se estamos certos, batam palmas.

(Em seguida entram no ambiente que foi preparado para o encontro. Deve haver uma música instrumental que convida à oração.)

Oração

Vamos abrir todo o nosso ser pedindo ao Espírito Santo que nos mergulhe no mistério do ressuscitado.

Canto: *Vem, vem, vem* (p. 93, n. 354).

O Senhor Jesus, que venceu para sempre o pecado e a morte com a sua ressurreição, quer preencher o ser de cada neófito, renascido na Vigília Pascal.

Canto: *Eu creio num mundo novo* (p. 85, n. 316).

Deixemos o aleluia pascal tornar todo o nosso ser pleno da alegria e da luz que desterrou toda a treva da noite escura da morte.

Canto: *Eu creio num mundo novo* (p. 85, n. 316).

O Senhor Jesus transforma cada novo cristão em testemunha viva de sua ressurreição para a glorificação da Trindade e do seu Reino de vida e salvação.

Canto: *Eu creio num mundo novo* (p. 85, n. 316).

Que sentimentos habitaram o seu coração naquela noite memorável da Vigília Pascal? Esses sentimentos continuam aquecendo seu coração? O que mudou em sua vida depois de participar dos Sacramentos de Iniciação à Vida Cristã?

Vamos partilhar em pequenos grupos, com a presença dos acompanhantes ou padrinhos. Logo em seguida cada grupo escolhe uma ou duas pessoas para representar o grupo e partilhar com todos.

Canto: *Andavam pensando* (p. 85, n. 318).

II. Olhando a Bíblia

Aclamação à Palavra: Aleluia, aleluia, aleluia.

Eles, porém, insistiram com Jesus, dizendo: "Fica conosco, pois já é tarde e a noite vem chegando" (Lc 24,29).

Proclamação da Palavra: Lc 24,13-35.

Vamos proclamar o texto de forma partilhada encenando.

Tempo para a meditação com os padrinhos e madrinhas, trazendo a Palavra para a vida.

Plenário
(Quem coordena o plenário distribui o tempo conforme o número de pessoas que irão fazer a partilha. No final poderão cantar o Salmo 23(22).)

Bem sabemos a missão que Deus nos chama para realizar em comunidade. Estamos aqui para isso, para alimentar em nós esta vocação. Por isso é importante o nosso compromisso com a comunidade através do estágio pastoral. Cada um irá assinar no livro do estágio pastoral, como forma de compromisso e adesão, o nome e a pastoral que escolheu como início de missão. Os padrinhos e madrinhas devem apoiar a cada um deles na escolha que realizaram e acompanhar neste início de processo.

(Tempo para assinar no livro.)

Canto: *O Senhor ressurgiu* (p. 84, n. 311).

III. Assuntos práticos

Combinar o próximo encontro, que deverá acontecer no período de uma hora antes da missa dos neófitos, ou seja, no domingo.

IV. Oração e bênção

Rezar um Pai-nosso.

Oração
Ó Pai, a plenitude da vida que a ressurreição de teu Filho nos trouxe enche de alegria todo o nosso ser, bem como toda a criação. Graças ao teu amor que recria, somos portadores(as) da vida nova que as águas do santo batismo nos trouxe. Dai-nos caminhar sempre na plena luz do ressuscitado e na força do teu Espírito. Amém.

Bênção
Que a bênção do Pai que ressuscitou seu Filho Jesus ressuscite-nos a cada dia para a vida nova. A Ele seja a honra, a glória para sempre. Em nome do Pai, do Filho e do Espírito Santo. Amém.

(Em seguida todos saem juntos para a igreja e participam da procissão de entrada da missa, ocupando os primeiros lugares na assembleia.)

Segundo encontro com os neófitos

GRAVAREI NO VENCEDOR O MEU NOVO NOME (Ap 3,11-13)

Objetivo

Refletir e assumir com profunda seriedade o nome novo que cada neófito acrescentar ao seu nome nos ritos de preparação imediata.

Preparação do ambiente

Arrumar cadeiras em círculo e colocar um grande coração florido no centro, com a Bíblia, Círio Pascal e água. Em volta, apontando para o centro, ou colocar faixas com o nome novo dos neófitos.

I. Acolhida e oração

Acolhida

Entrar no espaço do encontro de mãos dadas, cantando: *Oi, que prazer, que alegria, o nosso encontro de irmãos!*

Oração

Formar uma roda em volta dos símbolos de ambientação do encontro para iniciar a oração com o acendimento da vela e repetindo o refrão: "Onde reina o amor, fraterno amor, Deus aí está".

Vamos sentir toda a força do ressuscitado, cantando.

Canto: *O Senhor ressurgiu* (p. 84, n. 311).

- Cada neófito é convidado a contemplar o nome novo que escolheu se perguntando: Por que escolhi este nome? Que compromisso ele exige de mim? *(Pausa)*.
- Repetir em voz alta: "Diante de Jesus, que me chamou e me escolheu, e diante desta minha comunidade cristã, eu *(fala o nome acrescentando o nome novo)* assumo o compromisso de... *(coloca o seu crachá. Cada um repete o mesmo gesto e permanecem todos em volta do coração e demais símbolos do encontro)*.
- Após todos terem participado, convidá-los a estender as mãos uns em direção aos outros em sinal de bênção aos novos cristãos e cantar: "Nossos irmãos já foram abençoados, porque o Senhor já derramou o seu amor. Confirma, ó Senhor, confirma, ó Senhor, confirma sobre eles o seu amor!" (bis)

(Tempo para a dinâmica.)

II. Olhando a Bíblia

Aclamação à Palavra: Aleluia, aleluia, aleluia.

A paz esteja com vocês. Assim como o Pai me enviou, eu envio vocês (Jo 20,21).

Proclamação da Palavra: Jo 20,19-31.

Este evangelho iremos ouvir logo em seguida na missa que participaremos. Vamos desde já preparar bem nosso ouvido do coração para mais uma vez em nossas vidas realizar a experiência de Jesus, o Ressuscitado. Fiquemos por um momento em silêncio para acolher esta Palavra.

Vamos rezar juntos, de mãos dadas, a oração que o próprio Cristo nos ensinou. Pai nosso...

Peçamos a Maria, discípula fiel, que interceda por nós. Ave Maria...

III. Assuntos práticos

Combinar o próximo encontro no Terceiro Domingo de Páscoa, decidindo sobre local e hora. Combinar para virem prontos para permanecerem na missa.

IV. Oração e bênção

Oração

Ó Pai, Deus da paz, em nome de Jesus que ressuscitastes dos mortos, na força do teu Espírito, inunda de paz estes teus(tuas) filhos(as) neófitos, para que sejam testemunhas do Ressuscitado, que vive e reina para sempre. Amém!

Bênção

Deus de paz e da vida nos abençoe em nome do Pai, do Filho e do Espírito Santo. Amém.

(Em seguida todos saem juntos para a igreja e participam da procissão de entrada da missa, ocupando os primeiros lugares na assembleia.)

Terceiro encontro com os neófitos

NOVOS CRISTÃOS NASCIDOS E RENASCIDOS NA NOITE PASCAL

Objetivo

Compreender pela vida em comunidade o que é mergulhar nos Mistérios que foram celebrados.

Preparação do ambiente

No centro do espaço deverão ser colocados: a Bíblia, o Círio Pascal já aceso, a cruz com um pano branco e um cartaz, onde se lê: "Mistagogia, tempo para mergulhar no Mistério celebrado, a Páscoa do Ressuscitado".

I. Acolhida e oração

Acolhida

A equipe do catecumenato, o padre e/ou o diácono (se houver), os(as) catequistas e os(as) padrinhos e madrinhas esperam no portão de entrada do local de encontro. Acolhem os neófitos batendo palmas, entregando um cartão com uma mensagem, cujo conteúdo contemple a alegria da Vitória Pascal em suas vidas junto com o chamado forte para multiplicarem o zelo pela perseverança no caminho de Jesus até o fim de suas vidas nesta terra.

Oração

Para a oração de abertura desse terceiro encontro, cada um(a) receberá uma vela e entrará no espaço do nosso encontro cantando e acendendo as velas no Círio Pascal: O Senhor ressurgiu! Aleluia, aleluia! (p. 84, n. 311).

Iniciemos nosso mergulho nas profundezas do Sagrado pelo altar, onde celebramos o mistério central de nossa fé, a Páscoa de Jesus. Mergulhar nesse mistério significa celebrar, na Páscoa dele, a nossa Páscoa. Nós também passamos para uma nova vida quando aceitamos ser cristãos, discípulos do Mestre Jesus.

Peçamos à Mãe de Jesus e nossa Mãe que nos ajude a viver com entusiasmo a festa de nossa ressurreição, na ressurreição de seu Filho. Ave Maria...

II. Olhando a Bíblia

Vamos introduzir com um refrão a Palavra de Deus que vamos ouvir.

Canto: *Eu vim para escutar* (p. 127, n. 541).

A Palavra de Deus neste nosso terceiro encontro vem até nós mergulhada nestes dois textos propostos para a nossa meditação.

1. Atitude de escuta

O silêncio é uma atitude essencial para o encontro com o Ressuscitado. Vamos nos recolher por uns instantes pensando na grande graça de ter sido chamados como discípulos do Ressuscitado.

(Dar um tempo para meditação interior).

São Paulo nos diz na Carta aos Efésios: "Vivam no amor, assim como Cristo nos amou e se entregou a Deus por nós, como oferta e vítima, como perfume agradável" (Ef 5,2).

Antes da agonia no Getsêmani, Cristo rezou assim ao Pai pensando em nós: "Eu não rogo somente por eles, mas também por aqueles que hão de crer em mim, por causa da palavra deles, para que todos sejam um, como Tu, Pai, estás em mim, e eu em ti" (Jo 17,20-21). Jesus queria que todos os seus discípulos fossem unidos, para dar ao mundo um melhor testemunho do amor que Ele viveu e anunciou. Trabalhar por essa unidade, entre nós e com as Igrejas que de nós se separaram, é também uma tarefa do nosso discipulado.

Em cada celebração eucarística, onde Ele é o Sumo e Eterno Sacerdote, Jesus continua pedindo isso a nós, que hoje acreditamos nele, por causa da Palavra dele confiada a sua Igreja. A missa é o próprio Jesus intercedendo ao Pai por nós por meio do presbítero que preside a celebração.

A celebração eucarística é, além disso, a mais perfeita adoração oferecida a Deus. É uma oferta que só Ele, Jesus, pode fazer. Mas porque em sua Paixão, Morte e Ressurreição reconquistou para nós o direito de filhos, somos também herdeiros deste tesouro que é a missa. Quando participamos dela, com todo o nosso ser, Ele nos torna participantes de sua perfeita oferta a Deus. Jesus, aceitando ser homem, pela vontade do Pai, "tornou-se a mais perfeita de todas as criaturas, o ponto culminante de toda a criação" (ENZLER, p. 162). Por isso cada Eucaristia, na qual Ele é o celebrante, torna-se a ação mais sublime que reúne em cada altar o mais perfeito amor, a mais perfeita adoração e ação de graças que, por meio do presbítero, eleva a nossa humanidade até os céus.

Vamos concluir esta reflexão rezando:

> Senhor Jesus, recebe a nossa mais profunda gratidão pela Eucaristia que nos deixaste como o mais precioso tesouro que jorrou de teu coração misericordioso. Vem, Senhor, em socorro de nossa fraqueza e leva-nos a fazer deste tesouro o centro de nossa vida cristã, a força que nos move e nos prepara para a vivência de nossa vocação e missão. Amém.

2. Tempo Pascal: tempo próprio da missão

Jesus Ressuscitado diz aos apóstolos: "A paz esteja convosco. Como o Pai me enviou, também eu vos envio" (Jo 20,21).

É preciso refletir sobre a missão cristã que nos faz sentir animados(as) pelo Espírito Santo, continuador da missão de Cristo no mundo. Movidos pela sabedoria que nos vem dele, entenderemos que tudo o que fazemos é pelo Reino e nunca em nome próprio ou de qualquer outra pessoa.

III. Assuntos práticos

Combinar o próximo encontro no Terceiro Domingo de Páscoa, decidindo sobre local e hora. Combinar para virem prontos para permanecerem na missa.

O estágio pastoral tem seu início marcado por esta missão para vocês, novos cristãos de nossas comunidades. Para isto, no final deste nosso encontro, seus padrinhos e madrinhas irão combinar, para o início desta semana, um encontro para planejar a participação direta na pastoral que cada um escolheu.

IV. Oração e bênção

Oração

Pai, como somos felizes em reconhecer o teu infinito amor que nos trouxe a vida. Receba nossa profunda gratidão pelo dom de teu Filho, que veio nos revelar a sua imagem e semelhança que habita em nosso ser. É por Ele e nele que hoje recebemos a graça de sermos novos cristãos, nascidos e renascidos na noite pascal. Amém.

Bênção

Que a bênção do Pai Criador, do Filho Redentor e do Espírito Santificador sustente a nossa perseverança no seio da comunidade cristã, agora e sempre. Amém.

(Em seguida todos saem juntos para a igreja e participam da procissão de entrada da missa, ocupando os primeiros lugares na assembleia.)

Quarto encontro com os neófitos

PERSEVERANÇA NO CAMINHO DE JESUS

Objetivo

Estimular a participação dos neófitos na missa, de modo a se sentirem membros da comunidade cristã.

Preparação do ambiente

Colocar no centro a Bíblia e o Círio Pascal com flores. Em volta, faixas com o nome novo, que foi escolhido pelos neófitos.

I. Acolhida e oração

Acolhida

Acolher-se mutuamente cantando: *Oi, que prazer, que alegria...*

Vamos conversar sobre:

- Como cada um passou a semana?
- Depois da primeira participação nos Sacramentos de Iniciação à Vida Cristã, estão se sentindo mais fortes diante dos compromissos na vida familiar, no trabalho, na vizinhança e na comunidade cristã?
- Quais são as maiores dificuldades que estão enfrentando?
- Quais são os melhores caminhos para encontrarem a solução?
  (Partilhar em dupla e, em seguida, serão ouvidos no plenário.)

O melhor caminho está ao nosso alcance, diante de nossos olhos: está na Palavra de Deus. Por isso é importante procurar criar o hábito de voltar aos textos bíblicos que fizeram parte do caminho que cada um percorreu. É igualmente importante planejar com seus padrinhos e madrinhas um encontro ao menos de dois em dois meses para partilhar a vida e meditar a Palavra, para rezar e conversar sobre a participação na pastoral que assumiram. Que seja sagrado em suas vidas o encontro para participarem juntos do Dia do Senhor.

Canto: *A barca* (p. 133, n. 578).

Oração

- Peça primeiro ao Espírito Santo para te conduzir nesta meditação.
- Você tem recordado o nome novo que escolheu, naquela celebração dos Ritos de preparação imediata?
    - Reserve agora uns minutos para isso no silêncio do seu coração.
- Contemple este nome nas faixas que estão no centro do espaço.
- Meditar por alguns minutos em silêncio.
  (Fundo musical.)

Traga seu nome novo ao alcance de seus olhos e de seu coração. Peça sempre ao Espírito Santo que mantenha você no caminho para o qual Cristo o chamou. Procure contar sempre com Nossa Mãe Maria Santíssima, que lhe dará forças para permanecer fiel no novo caminho.

Rezemos juntos a Salve-Rainha, pedindo que ela nos defenda de tudo que nos afaste de Deus e do amor ao próximo.

II. Olhando a Bíblia

O que Jesus ressuscitado quer falar conosco neste quarto domingo deste Tempo Pascal.

Aclamação à Palavra: Aleluia, aleluia, aleluia.

Proclamação da Palavra: Jo 10,1-10

Vamos silenciar por alguns minutos para que a Palavra de Jesus ganhe espaço em nossas vidas de novos cristãos. Na homilia o padre nos ajudará aprofundar a reflexão.

III. Assuntos práticos

Aviso a ser dado aos neófitos: *No encontro do domingo próximo vamos começar a ouvir os relatórios sobre "o estágio pastoral" que estão fazendo. Durante a semana procurem se encontrar com seus padrinhos e madrinhas, a fim de se prepararem para essa importante partilha.*

Combinar o próximo encontro decidindo sobre local e hora. Combinar para virem prontos para permanecerem na missa.

IV. Oração e bênção

Oração

Deus Pai de bondade, gravai em nossos corações pela força do Espírito Santo a perseverança neste caminho que chamaste através dos irmãos e irmãs. Isto nós te pedimos em nome de Jesus que vive e reina para sempre. Amém.

Bênção

Deus no seu amor eterno nos abençoe em nome do Pai, do Filho e do Espírito Santo. Amém.

(Em seguida todos saem juntos para a igreja e participam da procissão de entrada da missa, ocupando os primeiros lugares na assembleia.)

Quinto encontro com os neófitos

CAMINHAR EM COMUNIDADE NO CAMINHO DE JESUS

Objetivo

Aprofundar nos novos cristãos o valor da comunidade, para continuarem assumindo o caminho de Jesus.

Preparação do ambiente

Colocar a Bíblia e o Círio Pascal enfeitados no centro, junto com os símbolos dos Sacramentos de Iniciação à Vida Cristã, acompanhados de faixas com os nomes das pastorais existentes na paróquia, e um cartaz anunciando a novena em preparação a Pentecostes. Elaborar um cartãozinho com o Espírito Santo e os sete dons sobre as diversas pastorais e movimentos da paróquia.

I. Acolhida e oração

Acolhida

Cada um sinta-se acolhido(a) ao receber o cartão dos setes dons do Espírito Santo que com muita alegria lhes é entregue (Entregar os cartões).

Canto: Você que está chegando...

Oração

Canto: *Nós estamos aqui reunidos* (p. 89, n. 336)

À luz do Espírito Santo que invocamos, vamos deixar que Jesus nos apresente e nos instrua sobre o essencial, para tornar nossas comunidades um forte e atraente sinal de sua presença no mundo, através da Igreja que aprendemos a amar neste caminho.

Invocando os nomes das pastorais, movimentos e associações, cantamos: *Vem, Espírito Santo, vem* (p. 93, n. 356).

Vamos rezar um Pai-nosso e uma Ave-Maria.

II. Olhando a Bíblia

Aclamação à Palavra: Aleluia, aleluia, aleluia.

Não foram vocês que me escolheram, mas fui eu que escolhi vocês (Jo 15,16a).

Proclamação da Palavra: Jo 15,12-17

- A ordem de Jesus aos seus discípulos, que hoje somos nós, ajudará a viver bem nossa missão na pastoral que escolhemos? Como?
- Meditem pessoalmente sobre o olhar de Jesus.
- Anotem para partilhar.

Partilhando nossa experiência no estágio pastoral

Vamos partilhar como está sendo o processo de conhecimento e inserção nos trabalhos da comunidade a partir das seguintes questões:

- Como vocês estão se sentindo?
- O que mais estão gostando?

    (A equipe de coordenação, que tem em mãos a organização do estágio, destinará 20 minutos para as partilhas, que poderão ser feitas através de sorteios. Cada pessoa, ou grupo de pessoas, entrega à equipe de coordenação o relatório. Após cada partilha poderão cantar um refrão ao Espírito Santo.)

IV. Assuntos práticos

Organização da novena

- Iniciar na quarta-feira da semana anterior à Ascensão do Senhor indo até a sexta-feira que vem antes de Pentecostes.
- No sábado, os neófitos participam com toda a comunidade da Vigília de Pentecostes. É importante que participem na preparação desta vigília.
- Sortear as casas onde acontecerá a novena.

V. Oração e bênção

Oração

Ó Deus que se revelaste em plenitude para nós em Jesus de Nazaré. Despertai nos novos cristãos e nesta comunidade a graça de ter os mesmos sentimentos que Ele e caminhar na construção de um reino de justiça e paz. Por Nosso Senhor Jesus Cristo na unidade do Espírito Santo. Amém.

Bênção

Deus que caminha conosco nos abençoe em nome do Pai, do Filho e do Espírito Santo. Amém.

(Em seguida todos saem juntos para a igreja e participam da procissão de entrada da missa, ocupando os primeiros lugares na assembleia.)

Novena em preparação à Solenidade de Pentecostes

Quando falamos em novena, estamos tocando na alma do nosso querido povo brasileiro. A Igreja, sensível à necessidade que a maioria das pessoas tem de recorrer à Mãe de Jesus, ao Espírito Santo e aos santos, criou os mais diversos tipos de novena.

Assim, como abrimos as portas de nossos corações para iniciar nossos primeiros passos em direção ao caminho através de uma novena, desejamos continuar mais abertos ainda ao vivenciarmos estes últimos momentos desta catequese catecumenal, desejando que nossos adultos permaneçam fiéis ao caminho até o termo final de suas vidas nesta terra.

Porém, esta novena não tem apenas um cunho devocional. Muito mais que isto, ela tem como objetivo continuar mergulhando os neófitos no mistério de Deus, através da pessoa e da Palavra de Jesus Cristo. Que ela seja santa e uma próspera sementeira para multidões de jovens e adultos que se sintam atraídos para o caminho de Jesus.

Algumas orientações gerais para a organização da novena:

- Apresentamos aqui a proposta da novena em preparação à Festa de Pentecostes, que, por sua vez, conforme a realidade, seja realizada nas casas, a exemplo de primeiro tempo desta catequese. Todos deverão se reunir na porta da igreja, ou, se isso não for possível, devem se encontrar à porta da casa escolhida para esse dia.

- Sugerimos que no primeiro dia da novena, na medida do possível, o pároco esteja presente para o envio. Nos demais dias as catequistas entram na igreja e acendem suas velas no Círio Pascal. As catequistas, por sua vez, acendem as velas dos neófitos e todos seguem juntos, em direção à casa escolhida, cantando.

   Canto: *Vem, Espírito Santo, vem* (p. 93, n. 356).

- É importante combinar um ensaio para a participação do grupo na Missa de Pentecostes. Reforçar o convite a cada dia para esta importante festa da Igreja.

- Sempre ao término de cada dia da novena é bom retomar o convite para o dia seguinte, lembrando a família que irá acolher este grupo.

Primeiro dia da novena

QUEM É JESUS

Objetivo

Pedir ao Pai pelo Espírito Santo que nos revele em profundidade quem é Jesus.

Preparação do ambiente

O espaço deve ser preparado previamente pelo neófito da casa que está recebendo a novena, juntamente com o padrinho ou madrinha. Colocar no centro do espaço em que o grupo ficará reunido a Bíblia e a vela, junto com uma estampa ou quadro da Santíssima Trindade, destacando bem cada uma das três pessoas. Colocar também os símbolos dos Sacramentos de Iniciação à Vida Cristã: água, óleo, vinho e pão. Cartaz com a frase: "Se vocês me amam obedecerão os meus mandamentos. Então eu pedirei ao Pai e Ele dará a vocês outro advogado para que permaneça com vocês para sempre" (Jo 14,15-16).

I. Acolhida

(Feita na igreja, antes que os participantes se dirijam à casa escolhida.)

Catequista: A Igreja que reza a novena no Templo juntamente com o padre acolhe e envia a Igreja que vai se reunir nas casas.

Padre: As nossas casas devem cada vez mais se tornar verdadeiras igrejas domésticas. Nesta novena que hoje iniciamos vamos trilhar este bonito caminho do último tempo da nossa catequese, voltando onde tudo iniciou. Assim também foi o início da nossa Igreja. Iniciou com homens e mulheres dispostos a acolher a graça do Espírito Santo para ser irmãos e irmãs. Irei acender esta vela no Círio Pascal para que vocês levem esta luz por onde forem e sejam testemunhas dos valores do Evangelho *(o padre acende as velas dos neófitos).*

Eu envio vocês para que sejam luz do mundo e sal da terra.

Canto: *A nós descei, Divina Luz* (p. 92, n. 353).

Comentarista: Irmãos e irmãs, iniciamos nossa novena em preparação ao Pentecostes. O Pai e Jesus enviam seu Espírito sobre esta comunidade. Queremos com esta caminhada nos aprofundar ainda mais no conhecimento de Jesus. Para isso, vamos pedir ao Espírito Santo que nos dê a graça de caminhar, desejando ardentemente ter sempre Jesus mais presente em nossa vida, descobrindo através dele o rosto e o coração do Pai. Vamos caminhando em direção à primeira casa desta novena.

Canto: *Vem, Espírito Santo, vem* (p. 93, n. 356).
(Ao chegar à porta da casa, todos cantam juntos.)

Canto: Esta família já foi abençoada...

II. Oração

Catequista: Jesus disse: Eu sou a Luz do mundo, quem me segue não anda nas trevas, mas terá a luz da vida. Acolhemos esta vida nova, esta luz simbolizada na vela acesa. Um dos neófitos irá acender.

Canto: *Envia teu Espírito, Senhor* (p. 93, n. 354).

Abertura (*Ofício Divino das Comunidades* – Ofício da tarde, p. 585)

> Verdadeiramente ressurgiu Jesus, (bis)
> Cantemos aleluia! Resplandece a luz! (bis)
> Ao entardecer desse mesmo dia, (bis)
> Sobre os amigos sopras paz e alegria! (bis)
> Glória ao Pai e ao Filho e ao Santo Espírito! (bis)
> Glória à Trindade Santa, glória ao Deus bendito! (bis)
> Aleluia, irmãs! Aleluia, irmãos! (bis)
> Cristo é nossa Páscoa, a Deus louvação! (bis)
> Aos cristãos, Senhor, traz a unidade, (bis)
> Para que o mundo creia em tua verdade. (bis)
> O Senhor Jesus lá do céu foi visto, (bis)
> Do Pai vai enviar-nos o seu Santo Espírito. (bis)

Trazendo a vida para a oração

Catequista: Quem é Jesus é o tema desta novena. Vamos ler juntos o objetivo: "Pedir ao Pai pelo Espírito Santo que nos revele em profundidade quem é Jesus". Vamos ler o que está escrito no cartaz: "Se vocês me amam obedecerão os meus mandamentos. Então eu pedirei ao Pai e Ele dará a vocês outro advogado para que permaneça com vocês para sempre" (Jo 14,15-16).

Através destes dois versículos João nos apresenta o mistério de um Deus que se revela em três pessoas distintas: o Pai, a quem Jesus, o Filho, pede por nós, o advogado que é o Espírito Santo. Estamos celebrando a nossa novena com a Igreja dentro da preparação para a Festa de Pentecostes.

O que significa Pentecostes?

Os apóstolos, após a ascensão do Senhor Jesus, permaneceram no Cenáculo com Maria, em oração, pedindo e aguardando o cumprimento da promessa de envio do Espírito Santo através do Pai e do Filho que os revestiria de coragem, sabedoria e fortaleza para partirem em missão pelo mundo afora. Também nós, que estamos concluindo este caminho, somos chamados a fazer o mesmo, nestes nove dias, pedindo a Jesus, o Senhor de nossa vida e missão, que nos plenifique com o dom de seu Espírito.

- Para você, que está prestes a concluir este caminho, qual a importância de celebrar a vinda do Espírito Santo? *(Momento de partilha.)*

Canto: *Estaremos aqui reunidos* (p. 89, n. 336).

Salmo 104(103)

Catequista: Vamos acolher esta Palavra no silêncio do coração. Quem desejar pode recordar o versículo que mais gostou ou tocou o coração.

III. Ouvindo a Palavra do Senhor

Aclamação à Palavra: Aleluia, aleluia, aleluia.

Você é feliz, Simão, filho de Jonas, porque não foi um ser humano que lhe revelou isso, mas meu Pai que está no céu (Mt 16,17).

Proclamação da Palavra: Mt 16,13-20

Catequista: Para acolher profundamente e rezar esta Palavra vamos seguir o exercício da leitura orante da Bíblia.

1º degrau: ler

Com a ajuda do(a) acompanhante, vamos abrir as bíblias em Mt 16,13-20 e proceder da seguinte forma:

- Primeiro: ler individualmente em silêncio.
- Em uma segunda leitura vamos destacar o lugar ou os lugares onde acontece o que o texto relata; os personagens que aparecem; palavras ou expressões que nos chamaram a atenção ou que não entendemos.
- O que este texto bíblico está contando?
- Repita o relato com as suas palavras.

Refrão: *Eu vim para escutar* (p. 127, n. 541)

2º degrau: meditação

Este texto do Evangelho de Mateus relata um fato acontecido há tantos séculos e quer falar a nós hoje, na realidade em que vivemos. Para isto precisamos perguntar que mensagem esta Palavra traz para nós e para mim hoje?

Neste texto bíblico Jesus sente necessidade de saber quem, os seus apóstolos e discípulos, acham que Ele é. Os discípulos de Jesus hoje, aqui e agora, são vocês, que ao longo do caminho foram preparados para esta vocação e missão.

- Vamos repetir a pergunta de Jesus que está no versículo 15, mas desta vez Ele a dirige a cada um(a): "E vós, quem dizeis que Eu sou?"
  - Ouça seu coração. Sinta o próprio Cristo entre nós e responda em sua consciência. Esta resposta dependerá de uma importante atitude.
- Vamos voltar ao texto bíblico meditando em silêncio e depois realizar uma partilha sobre a sua mensagem.

(Após alguns minutos a catequista pede que alguns partilhem sua mensagem. A catequista e outros membros da equipe do catecumenato trazem para a reflexão aspectos que não apareceram ou que precisam ser melhor acentuados.)

Canto (refrão): *Tu te abeiraste da praia* (A barca) (p. 133, n. 578).

3º degrau: oração

Quando Deus fala, nós silenciamos para melhor ouvir e entender, mas em nosso interior brota um desejo de também falar com Ele. Este movimento se chama oração. É o que vamos fazer no 3º degrau da leitura orante. Orem a Deus, no silêncio de seu coração, a partir do texto bíblico lido e meditado.

(Estas orações serão feitas no final desta primeira novena.)

4º degrau: contemplação

Contemplar é olhar com o olhar de Deus. É ver como Deus vê, ou seja, além das aparências. Quando Jesus pergunta: Quem dizem os homens que Eu sou? Ele sabia que a resposta seria superficial porque olhavam a aparência. Ao perguntar aos apóstolos, Ele esperava uma resposta mais profunda, pois já vinham aprendendo a contemplar com Ele.

- Como você, que é chamado(a) a entregar sua vida a Deus, vê Jesus?
- O que Ele pode esperar, concretamente de você, em favor do seu Reino? Tome sua decisão e anote.

(A catequista poderá ouvir alguns.)

IV. Preces espontâneas

Coloque na sua prece a resposta que você deu a Jesus no 3º degrau da leitura orante, pedindo ao Espírito Santo o dom da fortaleza, para manter-se fiel à vocação de discípulo(a).

Rezar um Pai-nosso.

V. Oração e bênção

Oração
Senhor Jesus, como os teus apóstolos nós estamos aqui também necessitados da presença do Espírito Santo. Que o Senhor e o Pai o enviem, em plenitude sobre nossas vidas que nasceram e renasceram na noite santa da Vigília Pascal. Assim seremos forte para perseverar neste teu caminho de vida e salvação.

Bênção
Que a bênção de Deus que é Pai, Filho e Espírito Santo nos acompanhe hoje e sempre. Amém.

Cântico de Maria

Catequista: Maria reconhece que ser mãe de Jesus é participar de modo grandioso da obra que Deus quer realizar para o bem da humanidade. Ela louva o Senhor, que a escolheu e que enviou Jesus ao mundo. Cantemos.

**O Senhor fez em mim maravilhas,
Santo é seu nome.**
A minha alma engrandece o Senhor
E exulta o meu espírito em Deus, meu Salvador,
Porque olhou para a humildade de sua serva.
Doravante as gerações hão de chamar-me de bendita.
O Poderoso fez em mim maravilhas,
E santo é seu nome!
Seu amor para sempre se estende
Sobre aqueles que o temem.
Manifesta o poder de seu braço,
Dispersa os soberbos.
Derruba os poderosos de seus tronos
E eleva os humildes.
Sacia de bens os famintos,
Despede os ricos sem nada.
Acolhe Israel, seu servidor,
Fiel ao seu amor,
Como havia prometido a nossos pais,
Em favor de Abraão e de seus filhos para sempre.
Glória ao Pai e ao Filho e ao Espírito Santo.
Como era no princípio, agora e sempre! Amém.

(*Ofício Divino das Comunidades*, p. 236-237)

Segundo dia da novena

QUEM É JESUS

Objetivo

Pedir ao Espírito Santo que nos conceda o dom de experimentar quem é Jesus e a verdade plena que nos veio revelar.

Preparação do ambiente

A pessoa da casa, juntamente com seu padrinho ou madrinha, prepara o espaço mantendo os cartazes com o tema e o objetivo. Coloca em destaque a Bíblia, a vela e os símbolos dos Sacramentos de Iniciação à Vida Cristã: água, óleo, vinho e pão.

I. Acolhida

Catequista: Como é bom nos encontrar para o segundo dia da novena. Bem-vindos para esta caminhada.
(Ao chegar à porta da casa onde acontecerá a novena todos cantam juntos.)

Canto: Esta família já foi abençoada...
(A pessoa da casa acolhe o grupo.)

II. Oração

Canto: *Enviai o vosso Espírito, Senhor* (p. 89, n. 337).

Mistagogia 47

Abertura (*Ofício Divino das Comunidades* – Ofício da tarde, p. 585).

> Verdadeiramente ressurgiu Jesus, (bis)
> Cantemos aleluia! Resplandece a luz! (bis)
> Ao entardecer desse mesmo dia, (bis)
> Sobre os amigos sopras paz e alegria! (bis)
> Glória ao Pai e ao Filho e ao Santo Espírito. (bis)
> Glória à Trindade Santa, glória ao Deus bendito! (bis)
> Aleluia, irmãs, aleluia, irmãos! (bis)
> Cristo é nossa Páscoa, a Deus louvação! (bis)
> Aos cristãos, Senhor, traz a unidade, (bis)
> Para que o mundo creia em tua verdade. (bis)
> O Senhor Jesus lá do céu foi visto, (bis)
> Do Pai vai enviar-nos o seu Santo Espírito. (bis)

Trazendo a vida para a oração

Qual é o tema da nossa novena?

(Deixar que partilhem.)

Vamos ler juntos o objetivo: Pedir ao Espírito Santo que nos conceda o dom de experimentar quem é Jesus e a verdade plena que nos veio revelar.

- Você tem pedido ao Espírito Santo que revele Jesus em sua vida?
- Como tem se sentido neste caminho?
  (Ouvir as partilhas.)

Canto: *Nós estamos aqui reunidos* (p. 89, n. 336).

Salmo 104(103)

III. Ouvindo a Palavra do Senhor

Aclamação à Palavra: Aleluia, aleluia, aleluia.

Quando, pois, vier o Espírito da Verdade, Ele vos conduzirá à plena verdade (Jo 16,13).

Proclamação da Palavra: Jo 16,12-15

Para nos enriquecermos mais através desta Palavra vamos seguir o exercício da leitura orante da Bíblia.

1º degrau: ler

Com a ajuda do(a) acompanhante, vamos abrir as bíblias em Jo 16,12-15 e proceder da seguinte forma:

- Primeiro: leiam individualmete em silêncio.
- Em uma segunda leitura destacar o lugar ou os lugares onde acontece o que o texto relata; os personagens que aparecem; palavras ou expressões que nos chamaram a atenção ou que não entendemos.
- O que este texto bíblico está contando?
- Repita o relato com as suas palavras.

Refrão: *Eu vim para escutar* (p. 127, n. 541)

2º degrau: meditação

Este texto do Evangelho de João que relata as Palavras de Jesus aos seus apóstolos confirmando a vinda do Espírito da Verdade quer falar a nós hoje na realidade em que vivemos. Para isso, precisamos perguntar:

- Que mensagem esta Palavra traz para nós e para mim hoje?
- Esta resposta dependerá de uma importante atitude: vamos voltar ao texto em silêncio, meditando... *(alguns minutos para meditar)*.

Neste texto bíblico é o Espírito Santo que nos conduz à plena verdade revelada por Jesus.

- O que é a plena verdade revelada por Jesus? Como você entende isto?

- Como e onde buscá-la?
- Qual deve ser sua atitude como um novo cristão diante desta Palavra de Jesus?
- É importante buscar o conhecimento da plena verdade revelada por Jesus? Isso nos ajuda a viver melhor nossa vocação de discípulos(as)? Você quer viver assim?

(Seguindo as orientações da catequista, partilhe com seu grupo a mensagem refletida. A catequista e outros membros da equipe do catecumenato trazem para a reflexão aspectos que não apareceram ou que precisam ser melhor acentuados.)

Canto (refrão): *Vinde, Espírito de Deus* (p. 91, n. 344).

3º degrau: oração

Quando Deus fala, nós silenciamos para melhor ouvir e entender, mas em nosso interior brota um desejo de também falar com Ele. Este movimento se chama oração. É o que vamos fazer no 3º degrau da leitura orante. Orem a Deus, no silêncio de seu coração, a partir do texto bíblico lido e meditado.

(Estas orações serão feitas no final desta segunda novena.)

4º degrau: contemplação

Contemplar é olhar com o olhar de Deus. É ver como Deus vê, ou seja, além das aparências. Como é bom caminhar sobre o olhar de Jesus, que nos vê como nós somos, ou seja, como o Pai nos criou à sua imagem e semelhança. Mas Ele conhece e respeita nossos limites e fragilidades. Mas nos promete o Espírito da Verdade que vai nos recordar tudo o que Ele nos revelou.

Contemplar é deixar-se conduzir pelo Espírito da Verdade.

- Diante desta meditação, qual é o desejo profundo de seu coração?
- O que Jesus, pelo seu Espírito da Verdade, pode esperar de você?

(A catequista poderá ouvir alguns.)

Canto: *O Senhor me chamou* (p. 143, n. 629).

IV. Preces espontâneas

Somos convidados a agradecer pela oportunidade de conhecer a verdade revelada por Jesus, neste tempo de graça que está sendo o catecumenato. Devemos pedir ao Espírito Santo o dom do entendimento como ajuda para recordar sempre essas verdades, sendo fiéis a Jesus.

Rezar um Pai-nosso.

V. Oração e bênção

Oração
Ó Deus, revelador da vida e de todo o bem, que enviastes Jesus, teu Filho, para revelar toda a Verdade, nos dê por sua graça o Espírito da Verdade para construir caminhos de justiça e de paz. Amém!

Bênção
Que a bênção de Deus Pai Criador, Filho Redentor e Espírito Vivificador, nos mantenham perseverantes no caminho do seu Reino de amor, justiça e paz. Amém!

Cântico de Maria

Lembrando a oração de Maria, quando se sentiu escolhida para uma missão importante, vamos nos inspirar nela para alimentar nossa disposição de ser discípulos(as) fiéis à nossa missão de batizados.

O Senhor fez em mim maravilhas,
Santo é seu nome.
A minha alma engrandece o Senhor
E exulta o meu espírito em Deus, meu Salvador
Porque olhou para a humildade de sua serva.
Doravante as gerações hão de chamar-me de bendita.
O Poderoso fez em mim maravilhas,
E santo é seu nome!
Seu amor para sempre se estende
Sobre aqueles que o temem.
Manifesta o poder de seu braço,
Dispersa os soberbos.
Derruba os poderosos de seus tronos
E eleva os humildes.
Sacia de bens os famintos,
Despede os ricos sem nada.
Acolhe Israel, seu servidor,
Fiel ao seu amor,
Como havia prometido a nossos pais,
Em favor de Abraão e de seus filhos para sempre.
Glória ao Pai e ao Filho e ao Espírito Santo,
Como era no princípio, agora e sempre! Amém.
(*Ofício Divino das Comunidades*, p. 236-237)

Terceiro dia da novena

QUEM É JESUS

Objetivo

Pedir ao Pai pelo Espírito Santo que nos revele em profundidade quem é Jesus. Ele é aquele que nos recomenda sempre o Pai porque nos ama.

Preparação do ambiente

A pessoa da casa, juntamente com seu padrinho ou madrinha, prepara o espaço, coloca cartazes com o tema e o objetivo. Posiciona em destaque a Bíblia, a vela e os símbolos dos Sacramentos da Iniciação Cristã: água, óleo, vinho e pão.

I. Acolhida

Catequista: Assim diz o poeta: *Deus chama a gente pra um momento novo de caminhar junto com seu povo...* Somos povo de Deus que vai caminhando. Estamos no terceiro dia da nossa novena no desejo mais profundo de conhecer ainda mais Jesus. Invocamos o Espírito Santo para acolher em profundidade esta dádiva. Bem-vindos, irmãos e irmãs.

(Ao chegar à porta da casa onde acontecerá a novena todos cantam juntos.)

Canto: Esta família já foi abençoada...

(A pessoa da casa acolhe o grupo.)

Mistagogia 53

II. Oração

Canto: *A nós descei, Divina Luz* (p. 94, n. 361).

Abertura (*Ofício Divino das Comunidades* – Ofício da tarde, p. 585)

> Verdadeiramente ressurgiu Jesus! (bis)
> Cantemos aleluia! Resplandece a luz! (bis)
> Ao entardecer desse mesmo dia, (bis)
> Sobre os amigos sopras paz e alegria! (bis)
> Glória ao Pai e ao Filho e ao Santo Espírito! (bis)
> Glória à Trindade Santa, glória ao Deus bendito! (bis)
> Aleluia, irmãs, aleluia, irmãos! (bis)
> Cristo é nossa Páscoa, a Deus louvação! (bis)
> Aos cristãos, Senhor, traz a unidade, (bis)
> Para que o mundo creia em tua verdade. (bis)
> O Senhor Jesus lá do céu foi visto, (bis)
> Do Pai vai enviar-nos o seu Santo Espírito. (bis)

Trazendo a vida para a oração

Vamos ler juntos o tema: "Quem é Jesus?" O objetivo de hoje é pedir ao Espírito Santo que nos revele em profundidade quem é Jesus. Ele é aquele que nos recomenda sempre o Pai porque nos ama. Vimos no primeiro dia que Jesus perguntou aos apóstolos: "E para vocês, quem Eu sou?" Ele faz a mesma pergunta aos discípulos de hoje, que somos nós.

Canto: *A nós descei, Divina Luz* (p. 92, n. 353).

Salmo 85(84)

Em alguns minutos de silêncio vamos interiorizar a mensagem e depois, espontaneamente, repetir algum verso que mais chamou a atenção.

III. Ouvindo a Palavra do Senhor

Aclamação à Palavra: Aleluia, aleluia, aleluia.

Não será necessário que eu vos recomende ao Pai, pois o próprio Pai ama vocês.

Proclamação da Palavra: Jo 16,16-20a.22-28.

1º degrau: ler

Com a ajuda do(a) acompanhante, vamos abrir as bíblias em Jo 16,16-20a.22-28 e proceder da seguinte forma:

- Primeiro: leiam em silêncio.
- Em uma segunda leitura vamos destacar o lugar ou os lugares onde acontece o que o texto relata; os personagens que aparecem; palavras ou expressões que nos chamaram a atenção ou que não entendemos.
- O que este texto bíblico está contando?
- Repita o relato com as suas palavras.

Refrão: *Eu vim para escutar* (p. 127, n. 541)

2º degrau: meditação

Este texto do Evangelho de João escrito há muito tempo revela palavras de Jesus que consolava e orientava os seus apóstolos diante de sua volta ao Pai. Quer falar a nós hoje na realidade em que vivemos. Para isso precisamos perguntar:

- Que mensagem esta Palavra traz para nós e para mim hoje?
  - Esta resposta dependerá de uma importante atitude: vamos voltar ao texto em silêncio meditando.

Jesus, o Filho muito amado do Pai, veio até nós para revelar o quanto Ele nos ama. Em tudo que falava e fazia deixava transparecer este amor. Quando Ele diz aos apóstolos que tudo que pedirem em seu nome o Pai vai conceder, temos aí um sinal claro e sensível de que sua missão é mesmo revelar o quanto Deus nos ama e quer a nossa felicidade. Vamos nos deixar envolver por esse amor para que nossa missão seja como a de Jesus, isto é, revelar o quanto Deus ama toda a humanidade.

(Tempo para partilhar. A catequista e outros membros da equipe trazem para a reflexão aspectos que não apareceram ou que precisam ser melhor acentuados.)

Canto (refrão): *Eis-me aqui, Senhor* (p. 129, n. 557).

3º degrau: oração

Quando Deus fala, nós silenciamos para melhor ouvir e entender, mas em nosso interior brota um desejo de também falar com Ele. Este movimento se chama oração. É o que vamos fazer no 3º degrau da leitura orante. Orem a Deus no silêncio de seu coração a partir do texto bíblico lido e meditado.

(Após alguns minutos a catequista orienta que estas orações serão feitas no final desta novena.)

4º degrau: contemplação

Contemplar é olhar com o olhar de Deus. É ver como Deus vê, ou seja, além das aparências. Na convivência com os apóstolos em revelar sempre o Pai, pois quando voltasse para sua morada esta missão caberia a eles, ou seja, continuar revelando o Pai. Hoje, Jesus confia esta missão aos seus discípulos(as) que somos nós.

- Qual é a sua resposta concreta a essa missão que Jesus lhe confia?

  (Após um breve momento de meditação pessoal, a catequista poderá ouvir alguns.)

IV. Preces espontâneas

Todos serão convidados a se expressar em orações que manifestem a alegria de saber quem é Jesus, pedindo ao Espírito Santo o dom da sabedoria como ajuda para conhecer cada vez mais o Pai que Jesus veio revelar *(As orações poderão ser as do 3º degrau).*

Rezar um Pai-nosso.

V. Oração e bênção

Oração

Ó Pai, princípio e autor da vida, que enviaste teu Filho para revelar o teu rosto de amor e ternura. Envia o teu Espírito para nos encher dos dons e nos colocar no seguimento do caminho inaugurado por teu Filho. Nós te pedimos pelo mesmo Filho, Nosso Senhor. Amém!

Bênção

Que a Trindade Santa revelada em Jesus Cristo nos dê seu Espírito de alegria pela ressurreição e nos abençoe. Pai, Filho e Espírito Santo. Amém!

Cântico de Maria

Vamos lembrar a oração de louvor que Maria fez ao ser chamada para participar da missão de Jesus. Peçamos a ela que nos ajude também a viver nossa missão de batizados como discípulos fiéis ao projeto que o Pai revelou em Jesus.

**O Senhor fez em mim maravilhas,
Santo é seu nome!**
A minha alma engrandece o Senhor
E exulta o meu espírito em Deus, meu Salvador
Porque olhou para a humildade de sua serva.
Doravante as gerações hão de chamar-me de bendita.
O Poderoso fez em mim maravilhas,
E santo é seu nome!
Seu amor para sempre se estende
Sobre aqueles que o temem.
Manifesta o poder de seu braço,
Dispersa os soberbos.
Derruba os poderosos de seus tronos
E eleva os humildes.
Sacia de bens os famintos,
Despede os ricos sem nada.
Acolhe Israel, seu servidor,
Fiel ao seu amor,
Como havia prometido a nossos pais,
Em favor de Abraão e de seus filhos para sempre.
Glória ao Pai e ao Filho e ao Espírito Santo,
Como era no princípio, agora e sempre! Amém.
(*Ofício Divino das Comunidades*, p. 236-237)

Quarto dia da novena

QUEM É JESUS

Objetivo

Pedir ao Pai pelo Espírito Santo que nos revele em profundidade quem é Jesus, fazendo de nós testemunhos de seus frutos.

Preparação do ambiente

A pessoa da casa, juntamente com seu padrinho ou madrinha, prepara o espaço, com os cartazes do tema e o objetivo. Coloca em destaque a Bíblia, a vela e os símbolos dos Sacramentos de Iniciação à Vida Cristã: água, óleo, pão e vinho.

I. Acolhida

Catequista: Estamos avançando no caminho de preparação para a vinda do Espírito Santo. Vamos com alegria e certeza pedir ao Espírito que nos ajude sempre mais compreender quem é Jesus.
(Ao chegar à porta da casa onde acontecerá a novena todos cantam juntos.)

Canto: *Esta família já foi abençoada...*
(A pessoa da casa acolhe o grupo.)

II. Oração

Canto: *Envia teu Espírito, Senhor...*
Abertura (*Ofício Divino das Comunidades* – Ofício da tarde, p. 585)

> Verdadeiramente ressurgiu Jesus, (bis)
> Cantemos aleluia! Resplandece a luz! (bis)
> Ao entardecer desse mesmo dia, (bis)
> Sobre os amigos sopras paz e alegria! (bis)
> Glória ao Pai e ao Filho e ao Santo Espírito! (bis)
> Glória à Trindade Santa, glória ao Deus bendito! (bis)
> Aleluia, irmãs, aleluia, irmãos! (bis)
> Cristo é nossa Páscoa, a Deus louvação! (bis)
> Aos cristãos, Senhor, traz a unidade, (bis)
> Para que o mundo creia em tua verdade. (bis)
> O Senhor Jesus lá do céu foi visto, (bis)
> Do Pai vai enviar-nos o seu Santo Espírito. (bis)

Trazendo a vida para a oração

O Espírito Santo é o doador dos dons. Vivendo de acordo com essa graça nós colheremos frutos bons. São sete os dons do Espírito Santo. Vamos recordá-los: Sabedoria, Ciência, Inteligência, Fortaleza, Conselho, Piedade, Temor (respeito) de Deus.

- Quais desses dons você considera mais importantes para ser um bom discípulo(a) de Jesus? (*Ouvir algumas pessoas.*)

Canto: *Vinde, Espírito de Deus* (p. 91, n. 344).
Salmo 103(102)

Em alguns minutos de silêncio, interiorizar a mensagem e espontaneamente repetir algum verso que mais lhes chamou a atenção.

III. Ouvindo a Palavra do Senhor

Aclamação à Palavra: *Teu povo aqui reunido* (p. 128, n. 549)

Proclamação da Palavra: Gl 5,13.16-26

1º degrau: ler

Com a ajuda do(a) acompanhante, vamos abrir as bíblias em Gl 5,13.16-26 e proceder da seguinte forma:

- Primeiro: leiam em silêncio.
- Em uma segunda leitura vamos destacar o lugar ou os lugares onde acontece o que o texto relata; os personagens que aparecem; palavras ou expressões que nos chamaram a atenção ou que não entendemos.

O que este texto bíblico está contando?

Repita o relato com as suas palavras.

Refrão: *Eu vim para escutar* (p. 127, n. 541).

2º degrau: meditação

Jesus, o Filho amado e obediente ao Pai, veio no poder do Espírito Santo anunciar o Reino de Deus. Onde Deus reina, os filhos que se dedicam a fazer a sua vontade terão a graça de colher frutos do Espírito: amor, alegria, paz, paciência, bondade, benevolência, fé, mansidão e domínio de si.

Por outro lado, precisamos nos unir profundamente a Jesus e ao seu Espírito para lutar contra os frutos do mal, que estragam a vida e trazem violência, injustiça, infelicidade para a humanidade que Jesus veio salvar com sua infindável e magnífica oferta de amor.

Canto: *Preenche meu ser* (p. 95, n. 365).

3º degrau: oração

Quando Deus fala, nós silenciamos para melhor ouvir e entender, mas em nosso interior brota um desejo de também falar com Ele. Este movimento se chama oração. É o que vamos fazer no 3º degrau da leitura orante. Orem a Deus no silêncio de seu coração a partir do texto bíblico lido e meditado.

(Após alguns minutos a catequista orienta que estas orações serão feitas no final desta novena.)

4º degrau: contemplação

Contemplar é olhar com o olhar de Deus. É ver como Deus vê, ou seja, além das aparências. Contemplar é deixar-se conduzir pelo Espírito da Verdade que nos revela Jesus.

Com um olhar de compaixão e misericórdia, Jesus contempla a triste consequência do pecado em nós: temos que carregar em nosso ser os frutos do mal e os frutos do Espírito. Porém, Jesus nos dá o seu Espírito que vem em socorro de nossas fraquezas, ajudando-nos a renunciar os frutos do mal e a cultivar com mais perfeito zelo os frutos do Espírito.

- Jesus pode contar com seu sim decisivo para ajudá-lo a semear os frutos do Espírito?

Você pode contar com a presença do Espírito Santo com seus dons, com o amor do Pai e de Jesus. Deus só espera de você a disposição para uma constante conversão.

Canto: *Enviai o vosso Espírito* (p. 89, n. 337) *(Somente o refrão).*

IV. Preces espontâneas

Agradecendo ao Espírito Santo pelos dons e pedindo a graça de produzir e colher frutos bons na missão de discípulo(a), vamos nos dirigir a Deus, colocando diante dele o que está em nosso coração.

Rezar um Pai-nosso.

V. Oração e bênção

Oração
Ó Pai, em nome de Jesus te pedimos, inunda o nosso ser com o teu Espírito, doador dos dons. Conduzidos por Ele, vamos colher e levar às multidões famintas os frutos bons de teu infinito amor. Amém!

Bênção
Que a bênção de Deus faça de nós semeadores de teus frutos bons. Em nome do Pai, do Filho e do Espírito Santo. Amém.

Cântico de Maria

Maria, escolhida por Deus para a mais especial missão, sempre soube resistir ao mal e viver de acordo com as leis de Deus, cultivando com amor os dons do Espírito Santo. Inspirados por seu exemplo, cantemos a oração de louvor que ela dedicou a Deus. Cantemos.

**O Senhor fez em mim maravilhas,
Santo é seu nome.**
A minha alma engrandece o Senhor
E exulta o meu espírito em Deus, meu Salvador
Porque olhou para a humildade de sua serva.
Doravante as gerações hão de chamar-me de bendita.
O Poderoso fez em mim maravilhas,
E santo é seu nome!
Seu amor para sempre se estende
Sobre aqueles que o temem.
Manifesta o poder de seu braço,
Dispersa os soberbos.
Derruba os poderosos de seus tronos
E eleva os humildes.
Sacia de bens os famintos,
Despede os ricos sem nada.
Acolhe Israel, seu servidor,
Fiel ao seu amor,
Como havia prometido a nossos pais,
Em favor de Abraão e de seus filhos para sempre.
Glória ao Pai e ao Filho e ao Espírito Santo,
Como era no princípio, agora e sempre! Amém.
(*Ofício Divino das Comunidades*, p. 236-237)

Quinto dia da novena

QUEM É JESUS

Objetivo

Pedir ao Pai pelo Espírito Santo que nos revele em profundidade quem é Jesus, fazendo de nós anunciadores do seu Reino.

Preparação do ambiente

A pessoa da casa, juntamente com seu padrinho ou madrinha, prepara o espaço, mantendo os cartazes com o tema e o objetivo. Coloca em destaque a Bíblia, a vela e os símbolos dos Sacramentos de Iniciação à Vida Cristã: água, óleo, vinho e pão.

I. Acolhida

Catequista: À medida que vamos caminhando como comunidade cristã de irmãos e irmãs, vamos descobrindo que Deus faz maravilhas pelo seu Espírito. Desejando que o Santo Espírito faça morada em nós cantemos.
(Ao chegar à porta da casa onde acontecerá a novena todos cantam juntos.)

Canto: *Esta família já foi abençoada...*
(A pessoa da casa acolhe o grupo.)

II. Oração

Canto: *Vem, vem, vem* (p. 93, n. 354) *(Somente o refrão).*

Abertura *(Ofício Divino das Comunidades* – Ofício da tarde, p. 585)

> Verdadeiramente ressurgiu Jesus, (bis)
> Cantemos aleluia! Resplandece a luz! (bis)
> Ao entardecer desse mesmo dia, (bis)
> Sobre os amigos sopras paz e alegria! (bis)
> Glória ao Pai e ao Filho e ao Santo Espírito. (bis)
> Glória à Trindade Santa, glória ao Deus bendito! (bis)
> Aleluia, irmãs, aleluia, irmãos! (bis)
> Cristo é nossa Páscoa, a Deus louvação! (bis)
> Aos cristãos, Senhor, traz a unidade, (bis)
> Para que o mundo creia em tua verdade. (bis)
> O Senhor Jesus lá do céu foi visto, (bis)
> Do Pai vai enviar-nos o seu Santo Espírito. (bis)

Trazendo a vida para a oração

A partir deste quinto dia da novena, neste momento em que trazemos a vida presente, nós vamos insistir na pergunta de Jesus aos discípulos: "E vocês, quem dizem que Eu sou"? Para você, quem sou Eu? Por quê? Para quê? Para nunca cair no esquecimento a Palavra e a face deste Jesus, que chamou e escolheu você para ser seu(sua) discípulo(a).

- Qual é a sua resposta agora? *(Ouvir algumas pessoas).*

Canto: *A nós descei, Divina Luz* (p. 92, n. 353).

Salmo 104(103)

Fazer alguns minutos de silêncio para interiorizar a mensagem, e espontaneamente, quem quiser, pode repetir algum verso que mais lhe chamou a atenção. No fim, repete-se o refrão do salmo.

III. Ouvindo a Palavra do Senhor

Aclamação à Palavra: Aleluia, aleluia, aleluia.

Vão pelo mundo inteiro e anunciem a Boa Notícia para toda a humanidade. Quem acreditar e for batizado será salvo (Mc 16,15-16).

Proclamação da Palavra: Mc 16,15-20

Catequista: Vamos ler uma segunda vez, com o padrinho ou madrinha, o texto que foi proclamado, assinalando os versículos que cada um considerou mais importantes para sua vida de cristão novo.

(Logo em seguida, o que foi dito pode ser partilhado em plenário para enriquecer a reflexão.)

Meditação

Releia individualmente esse texto do Evangelho, orientando-se pelas seguintes ideias:

a) Jesus somente envia discípulos(as), que são aqueles(as) que responderam sim ao seu chamado colocando-se entre os escolhidos.

b) Jesus os prepara, os instrui, alimentando-os com o pão da Palavra e o pão da Eucaristia.

c) Quando Jesus fala: "Quem não acreditar será condenado", certamente Ele não está se referindo àqueles que não tiveram a oportunidade de receber o anúncio de seu reino de vida e salvação.

d) Os sinais que acompanharão aqueles que acreditarem são estes: "expulsarão demônios em meu nome"; onde chega a luz, não há espaço para as trevas. Demônio é tudo aquilo que se ocupa em sustentar e espalhar o anti-Reino de Deus, ou seja, a negação do Reino de vida e salvação anunciado por Jesus, como por exemplo: egoísmo, ambição e toda a espécie de maldade que destrói a vida.

e) "Se pegarem cobras ou beberem algum veneno não sofrerão nenhum mal". Quem procura fazer a vontade de Deus e o segue está preparado para vencer todo veneno que vem do mal, e por isso sabe discernir sempre.

f) "Quando colocarem as mãos sobre os doentes, estes ficarão curados". Jesus faz de seus discípulos canais de cura para os que sofrem.

g) O melhor fruto do seguimento da missão desses discípulos é a comunidade fraterna, que deve se multiplicar com a força da semente do Reino, que o semeador colocou em suas mãos. No final de sua meditação confirme sua vocação de discípulo(a) de Jesus pela causa do Reino através da sua Igreja.

Canto: *O Deus que me criou (Missão de todos nós)* (p. 140, n. 615).

IV. Preces espontâneas

Agradecendo a Jesus pelo chamado, por ter sido escolhido e por esta preparação missionária, peçamos ao Espírito Santo os dons da sabedoria e da piedade para que cada um seja um(a) discípulo(a) zeloso(a), capaz de viver bem sua vocação e missão.

Rezar um Pai-nosso.

V. Oração e bênção

Oração
Ó Deus, nos dê a graça por teu Filho de realizar a tua vontade para ser luz neste mundo, anunciando os frutos do Espírito Santo, e assim renovando a vida em plenitude. Amém!

Bênção
Que pela ação renovadora do Espírito Santo Deus nos abençoe e nos guarde. Em nome do Pai, do Filho e do Espírito Santo. Amém!

Cântico de Maria

Maria fez da sua vida um sinal poderoso da presença da graça. Mostrou, com sua fidelidade ao projeto do Pai, que sabia ser parte da missão de seu filho. Vamos louvar ao Senhor, como ela fez, reconhecendo como é maravilhoso ter sido chamados a ser discípulos de Jesus.

O Senhor fez em mim maravilhas,
Santo é seu nome.
A minha alma engrandece o Senhor
E exulta o meu espírito em Deus, meu Salvador,
Porque olhou para a humildade de sua serva.
Doravante as gerações hão de chamar-me de bendita.
O Poderoso fez em mim maravilhas,
E santo é seu nome!
Seu amor para sempre se estende
Sobre aqueles que o temem.
Manifesta o poder de seu braço,
Dispersa os soberbos.
Derruba os poderosos de seus tronos
E eleva os humildes.
Sacia de bens os famintos,
Despede os ricos sem nada.
Acolhe Israel, seu servidor,
Fiel ao seu amor,
Como havia prometido a nossos pais,
Em favor de Abraão e de seus filhos para sempre.
Glória ao Pai e ao Filho e ao Espírito Santo,
Como era no princípio, agora e sempre! Amém.

(Ofício Divino das Comunidades, p. 236-237)

Sexto dia da novena

QUEM É JESUS

Objetivo

Pedir ao Pai pelo Espírito Santo que nos revele em profundidade quem é Jesus, sustentando nossa fidelidade na missão de anunciar o seu Reino.

Preparação do ambiente

A pessoa da casa, juntamente com seu padrinho ou madrinha, prepara o espaço, mantendo os cartazes com o tema e o objetivo. Coloca em destaque a Bíblia, a vela e os símbolos dos Sacramentos de Iniciação à Vida Cristã: água, óleo, vinho e pão.

I. Acolhida

Catequista: Estamos no sexto dia da nossa novena trilhando este caminho da descoberta de quem é Jesus pela ação do Espírito Santo. Peçamos neste dia a graça de acolher em plenitude a pessoa de Jesus em nossas vidas. Invoquemos o Santo Espírito cantando.

Canto: *A nós descei, Divina Luz* (p. 92, n. 353).
(Ao chegar à porta da casa onde acontecerá a novena todos cantam juntos.)

Canto: *Esta família já foi abençoada...*
(A pessoa da casa acolhe o grupo.)

II. Oração

Canto: *Envia teu Espírito Senhor...*

Abertura (*Ofício Divino das Comunidades* – Ofício da tarde, p. 585)

> Verdadeiramente ressurgiu Jesus, (bis)
> Cantemos aleluia! Resplandece a luz! (bis)
> Ao entardecer desse mesmo dia, (bis)
> Sobre os amigos sopras paz e alegria! (bis)
> Glória ao Pai e ao Filho e ao Santo Espírito! (bis)
> Glória à Trindade Santa, glória ao Deus bendito! (bis)
> Aleluia, irmãs, aleluia, irmãos! (bis)
> Cristo é nossa Páscoa, a Deus louvação! (bis)
> Aos cristãos, Senhor, traz a unidade, (bis)
> Para que o mundo creia em tua verdade. (bis)
> O Senhor Jesus lá do céu foi visto, (bis)
> Do Pai vai enviar-nos o seu Santo Espírito. (bis)

Trazendo a vida para a oração

"E vocês, quem dizem que Eu sou"? Para você, quem sou Eu? É preciso que Jesus passe a ser o amigo e companheiro de todas as horas.

- Agora, dois a dois contem um para o outro a passagem da vida de Jesus que mais marcou você ao longo deste catecumenato.

(Momento de partilha.)

Canto: *O Espírito do Senhor* (p. 140, n. 613).

Salmo 68(67)

Fazer um tempo de silêncio para interiorizar a mensagem espontaneamente; repetir algum versículo que mais lhe chamou a atenção. Ao fim, repete-se o refrão do salmo.

III. Ouvindo a Palavra do Senhor

Aclamação à Palavra: Aleluia, aleluia, aleluia.
Mas Eu não estou sozinho, pois o Pai está comigo. Eu disse essas coisas para que vocês tenham a minha paz (Jo 16,32-33).
Proclamação da Palavra: Jo 16,29-33

1º degrau: ler

Com a ajuda do(a) acompanhante, vamos abrir as bíblias em Jo 16,29-33 e proceder da seguinte forma:

- Primeiro: leiam em silêncio.
- Em uma segunda leitura vamos destacar o lugar ou os lugares onde acontece o que o texto relata; os personagens que aparecem; palavras ou expressões que nos chamaram a atenção ou que não entendemos.
- O que este texto bíblico está contando?
- Repita o relato com as suas palavras.

Refrão: *Eu vim para escutar* (p. 127, n. 541)

2º degrau: meditação

Este texto do Evangelho de João, escrito a partir da experiência vivida, relata os últimos momentos de Jesus com seus apóstolos, e quer falar a nós, hoje, na realidade em que vivemos. Para isto, precisamos perguntar:

- Que mensagem esta Palavra traz para mim e para nós hoje?
  - Esta resposta dependerá de uma importante atitude: vamos voltar ao texto em silêncio, meditando...

Jesus, nos três anos de sua missão, dedicou-se com o mais perfeito amor à formação da comunidade de seus apóstolos e discípulos. É muito triste saber que eles o abandonaram, deixando-o sozinho na hora do maior sofrimento pela nossa salvação. Apesar de tanta ingratidão, Ele ainda lhes fala de paz e os prepara para a hora das provações, infundindo-lhes coragem. O mesmo Ele quer fazer conosco, para também sermos capazes de vencer as dificuldades e as tentações que encontrarmos pela vida afora.

- Após alguns minutos vamos partilhar o fruto de nossa meditação.
  (A catequista e outros da equipe trazem para a reflexão aspectos que não apareceram ou que precisam ser destacados.)

Canto: *Nossos olhos* (p. 319).

3º degrau: oração

Quando Deus fala, nós silenciamos para melhor ouvir e entender, mas em nosso interior brota um desejo de também falar com Ele. Este movimento se chama oração. É o que vamos fazer no 3º degrau da leitura orante. Orem a Deus no silêncio de seu coração a partir do texto bíblico lido e meditado.

(Após alguns minutos a catequista orienta que estas orações serão feitas no final desta novena.)

4º degrau: contemplação

Contemplar é olhar com o olhar de Deus. É ver como Deus vê, ou seja, além das aparências. É o Espírito da Verdade que nos leva a contemplar Jesus já nos momentos finais de sua missão. Como é triste e doloroso para Jesus saber que terá que suportar o desprezo de seus apóstolos na hora mais sofrida de sua vida.

Contemplemos Jesus reunindo todas as suas forças para deixar a eles como herança a sua paz.

- E você, e nós que somos seus discípulos e discípulas de hoje, o que temos a falar?
- O que Jesus pode esperar de nós?

Canto: *Vem, Espírito Santo, vem* (p. 93, n. 356).

IV. Preces espontâneas

Agradecendo ao Pai e a Jesus pelo envio do Espírito Santo, peçam a Ele o dom da ciência e a graça de caminhar sempre à sua divina luz.

Rezar o Pai-nosso.

> **Oração**
> Ó Deus, santo e bondoso, que nos destes Jesus Cristo, e por Ele nos tornastes filhos adotivos, dai a nós a graça pelo teu Santo Espírito de sermos construtores da paz e renovadores da face da Igreja. Amém!

Bênção
O Deus da paz, que enviou Jesus para conhecê-lo em seu amor, abençoe-nos em nome do Pai, do Filho e do Espírito Santo. Amém!

Cântico de Maria

Lembrando Maria, que precisou vencer muitas dificuldades para dar conta de sua belíssima missão, vamos louvar a Deus como ela fez, para que Ele nos faça cada vez mais apaixonados por Jesus e seu projeto de vida plena para todos.

O Senhor fez em mim maravilhas,
Santo é seu nome.
A minha alma engrandece o Senhor
E exulta o meu espírito em Deus, meu Salvador
Porque olhou para a humildade de sua serva
Doravante as gerações hão de chamar-me de bendita.
O Poderoso fez em mim maravilhas,
E santo é seu nome!
Seu amor para sempre se estende
Sobre aqueles que o temem.
Manifesta o poder de seu braço,
Dispersa os soberbos.
Derruba os poderosos de seus tronos
E eleva os humildes.
Sacia de bens os famintos,
Despede os ricos sem nada.
Acolhe Israel, seu servidor,
Fiel ao seu amor,
Como havia prometido a nossos pais,
Em favor de Abraão e de seus filhos para sempre.
Glória ao Pai e ao Filho e ao Espírito Santo,
Como era no princípio, agora e sempre! Amém.
(*Ofício Divino das Comunidades*, p. 236-237)

Sétimo dia da novena

QUEM É JESUS

Objetivo

Pedir ao Pai pelo Espírito Santo que nos revele em profundidade quem é Jesus, para permanecer unidos no testemunho do amor.

Preparação do ambiente

A pessoa da casa, juntamente com seu padrinho ou madrinha, prepara o espaço, mantendo os cartazes com o tema e o objetivo. Coloca em destaque a Bíblia, a vela e os símbolos dos Sacramentos de Iniciação à Vida Cristã: água, óleo, vinho e pão.

I. Acolhida

Catequista: Estamos no sétimo dia da nossa novena na busca de aprofundar nossa fé em Jesus Cristo pela ação e força do Espírito Santo. Peçamos neste dia a graça de viver como Jesus viveu. Invoquemos o Santo Espírito cantando.

Canto: *Vem, Espírito Santo, vem!* (p. 93, n. 356).
(Ao chegar à porta da casa onde acontecerá a novena todos cantam juntos.)

Canto: *Esta família já foi abençoada...*
(A pessoa da casa acolhe o grupo).

II. Oração

Refrão: *Enviai o vosso Espírito* (p. 89, n. 337)

Abertura (*Ofício Divino das Comunidades* – Ofício da tarde, p. 585)

> Verdadeiramente ressurgiu Jesus, (bis)
> Cantemos aleluia! Resplandece a luz! (bis)
> Ao entardecer desse mesmo dia, (bis)
> Sobre os amigos sopras paz e alegria! (bis)
> Glória ao Pai e ao Filho e ao Santo Espírito. (bis)
> Glória à Trindade Santa, glória ao Deus bendito! (bis)
> Aleluia, irmãs, aleluia, irmãos! (bis)
> Cristo é nossa Páscoa, a Deus louvação! (bis)
> Aos cristãos, Senhor, traz a unidade, (bis)
> Para que o mundo creia em tua verdade. (bis)
> O Senhor Jesus lá do céu foi visto, (bis)
> Do Pai vai enviar-nos o seu Santo Espírito. (bis)

Trazendo a vida para a oração

Jesus nos questiona: "E vocês, quem dizem que Eu sou"? Para você, quem sou Eu? Sou apenas uma história que lhe trouxe emoção, mas que não passa de uma peça teatral? Ou sou uma presença real, que participa de todos os momentos de sua vida? É muito importante que você defina quem sou Eu para você. Só assim você poderá assumir sua identidade como discípulo(a) no serviço do meu Reino.

Canto: *Estaremos aqui reunidos* (p. 89, n. 336).

Salmo 104(103)

Fazer alguns minutos de silêncio para interiorizar a mensagem e espontaneamente repetir algum versículo que mais lhe chamou a atenção. Ao fim todos repetem o refrão do salmo.

III. Ouvindo a Palavra do Senhor

Aclamação à Palavra: Aleluia, aleluia, aleluia.

E agora, Pai, glorifica-me junto a ti, com a glória que eu tinha de ti antes que o mundo existisse (Jo 17,5).

Proclamação da Palavra: Jo 17,1-11

1º degrau: ler

Com a ajuda do(a) acompanhante, vamos abrir as bíblias em Jo 17,1-11 e proceder da seguinte forma:

- Primeiro: leiam em silêncio.
- Em uma segunda leitura vamos destacar o lugar ou os lugares onde acontece o que o texto relata; os personagens que aparecem; palavras ou expressões que nos chamaram a atenção ou que não entendemos.
- O que este texto bíblico está contando?
- Repita o relato com as suas palavras.

Canto: *Eu vim para escutar* (p. 127, n. 541).

2º degrau: meditação

Este texto do Evangelho de João, que relata o profundo amor de Jesus por seus apóstolos, está há muitos séculos distante de nós. Porém, ele é também para nós, seus discípulos(as) de hoje. Para isto basta que perguntemos:

- Que mensagem esta Palavra de Jesus traz para nós e para mim hoje?
    - Esta resposta dependerá de uma importante atitude: vamos voltar ao texto em silêncio meditando...
    (Após alguns minutos a catequista pede que alguns apresentem a sua mensagem para o enriquecimento de todos. A catequista e outros membros da equipe trazem outros aspectos que não foram abordados ou que precisam ser melhor acentuados, como estes.)

Reler o texto assinalando os versículos que mais falaram ao seu coração. Além desses, destaque o versículo no qual Jesus fala da vida eterna. É esta a vida eterna que você procura? Conhecer, no sentido bíblico, significa fazer a experiência. Experimentar Deus, embora ainda neste mundo, já é o início da vida eterna.

Canto: *Preenche meu ser* (p. 95, n. 365).

3º degrau: oração

Quando Deus fala, nós silenciamos para melhor ouvir e entender, mas em nosso interior brota um desejo de também falar com Ele. Este movimento se chama oração. É o que vamos fazer no 3º degrau da leitura orante. Orem a Deus no silêncio de seu coração a partir do texto bíblico lido e meditado.

(Após alguns minutos a catequista orienta que estas orações serão feitas no final desta novena.)

4º degrau: contemplação

Contemplar é olhar com o olhar de Deus. É ver como Deus vê, ou seja, além das aparências. Continuamos, com o auxílio do Espírito da Verdade, a aprofundar no olhar contemplativo de Jesus sobre os seus apóstolos, a quem tanto amava. Sabia de todos os perigos que teriam a enfrentar no mundo e suplicava ao Pai que os guardassem. Este mesmo amor zeloso Ele tem por nós, seus discípulos(as) de hoje.

- O que você sente ao contemplar esta verdade?
- Que atitude Ele pode esperar de você?
  (Pode ser partilhado por alguns no final.)

Canto: *Eis-me aqui, Senhor* (p. 129, n. 557).

IV. Preces espontâneas

Vamos concluir esta meditação fazendo uma oração pedindo o dom da vida eterna. Cada um pode fazer isso do jeito que seu coração pedir.

Rezar o Pai-nosso.

V. Oração e bênção

Oração

Ó Deus que nos dais a luz da verdade, dai a todos os que se colocam no caminho de teu Filho acolher e abraçar uma vida de santidade. Por Nosso Senhor Jesus Cristo na unidade do Espírito Santo. Amém!

Bênção

O Deus que revelou seu Filho nos abençoe em nome do Pai, do Filho e do Espírito Santo. Amém!

Cântico de Maria

Maria viveu com perfeita fidelidade a sua missão e agora está na vida eterna, junto da Trindade. Ela nos contempla com amor e quer que um dia estejamos no céu também. Valorizando também a missão que nos foi dada, vamos louvar ao Senhor com a mesma oração de Maria.

O Senhor fez em mim maravilhas,
Santo é seu nome.
A minha alma engrandece o Senhor
E exulta o meu espírito em Deus, meu Salvador
Porque olhou para a humildade de sua serva.
Doravante as gerações hão de chamar-me de bendita.
O Poderoso fez em mim maravilhas,
E santo é seu nome!
Seu amor para sempre se estende
Sobre aqueles que o temem.
Manifesta o poder de seu braço,
Dispersa os soberbos.
Derruba os poderosos de seus tronos
E eleva os humildes.
Sacia de bens os famintos,
Despede os ricos sem nada.
Acolhe Israel, seu servidor,
Fiel ao seu amor,
Como havia prometido a nossos pais,
Em favor de Abraão e de seus filhos para sempre.
Glória ao Pai e ao Filho e ao Espírito Santo,
Como era no princípio, agora e sempre! Amém.
(*Ofício Divino das Comunidades*, p. 236-237)

Oitavo dia da novena

QUEM É JESUS

Objetivo

Pedir ao Pai pelo Espírito Santo que nos revele em profundidade quem é Jesus, para despertar em nós a procura pela verdade: A Palavra de Deus.

Preparação do ambiente

A pessoa da casa, juntamente com seu padrinho ou madrinha, prepara o espaço, mantendo os cartazes com o tema e o objetivo. Coloca em destaque a Bíblia, a vela e os símbolos dos Sacramentos de Iniciação à Vida Cristã: água, óleo, vinho e pão.

I. Acolhida

Catequista: Estamos no oitavo dia da nossa novena na busca de aprofundar nossa fé em Jesus Cristo pela ação e força do Espírito Santo. Peçamos neste dia a graça de viver como Jesus viveu. Invoquemos o Santo Espírito cantando.

Canto: *A nós descei, Divina Luz* (p. 92, n. 353)
(Ao chegar à porta da casa onde acontecerá a novena todos cantam juntos.)

Canto: *Esta família já foi abençoada...*
(A pessoa da casa acolhe o grupo.)

II. Oração

Canto: *Envia teu Espírito, Senhor...*

Abertura (*Ofício Divino das Comunidades* – Ofício da tarde, p. 585)

> Verdadeiramente ressurgiu Jesus, (bis)
> Cantemos aleluia! Resplandece a luz! (bis)
> Ao entardecer desse mesmo dia, (bis)
> Sobre os amigos sopras paz e alegria! (bis)
> Glória ao Pai e ao Filho e ao Santo Espírito. (bis)
> Glória à Trindade Santa, glória ao Deus bendito! (bis)
> Aleluia, irmãs, aleluia, irmãos! (bis)
> Cristo é nossa Páscoa, a Deus louvação! (bis)
> Aos cristãos, Senhor, traz a unidade, (bis)
> Para que o mundo creia em tua verdade. (bis)
> O Senhor Jesus lá do céu foi visto, (bis)
> Do Pai vai enviar-nos o seu Santo Espírito. (bis)

Trazendo a vida para a oração

Jesus continua nos dizendo: "E vocês, quem dizem que Eu sou"? Para você, quem sou Eu? Eu não somente dei toda a minha vida para resgatar a sua vida. Eu continuo entregando a minha vida por você. Mas, escolhendo-o(a) como discípulo(a), eu desejo que você faça o mesmo que eu fiz. Ser discípulo(a) significa reconduzir muitos outros para este caminho de vida e salvação que você está recebendo a graça de conhecer. Seja fiel a esta missão e saberá cada vez melhor quem sou Eu para você.

Canto: *A nós descei, Divina Luz* (p. 92, n. 353).

Salmo 112(111)

Fazer alguns minutos de silêncio para interiorizar a mensagem e espontaneamente repetir algum versículo que mais lhe chamou a atenção. Ao fim todos repetem o refrão do salmo.

III. Ouvindo a Palavra do Senhor

Aclamação à Palavra: Aleluia, aleluia, aleluia.

Pai santo, guarda-os em teu nome, o nome que Tu me deste, para que eles sejam um, assim como nós somos um (Jo 17,11).

Proclamação da Palavra: Jo 17,11-19

1º degrau: ler

Com a ajuda do(a) acompanhante, vamos abrir as bíblias em Jo 17,11-19 e proceder da seguinte forma:

- Primeiro: leiam em silêncio.
- Em uma segunda leitura vamos destacar o lugar ou os lugares onde acontece o que o texto relata; os personagens que aparecem; palavras ou expressões que nos chamaram a atenção ou que não entendemos.
- O que este texto bíblico está contando?
- Repita o relato com as suas palavras.

Refrão: *Eu vim para escutar* (p. 127, n. 541)

2º degrau: meditação

Este texto nos leva a contemplar o coração de Jesus abrasado de amor pelos apóstolos. Este mesmo coração nos alcança hoje, em nossa missão de discípulos dele. Para fazermos esta profunda experiência precisamos perguntar:

- Que mensagem esta Palavra traz para nós hoje?
    - Esta resposta dependerá de uma importante atitude: voltar ao texto em silêncio meditando... *(Após alguns momentos de meditação pode ser realizada uma partilha.)*
    (Reler o texto que foi proclamado, assinalando os versículos em que Jesus manifesta cuidados com seus discípulos. Ele faz o mesmo conosco.)

Reflexões para os neófitos

Como você se sente? Converse com Jesus agradecendo a sua súplica ao Pai por nós.

Reserve um momento especial para refletir seriamente no que Ele quer nos dizer quando pede ao Pai: "Não te peço para tirá-los do mundo, mas para guardá-los do maligno. Eles não pertencem ao mundo, como eu não pertenço ao mundo" (Jo 17,15-16).

- Você percebe aqui que Ele precisa de nós, no meio do mundo, mesmo não sendo do mundo?
- Qual é a nossa missão no meio deste mundo?

Partilhe seus sentimentos a esse respeito com seu(sua) padrinho (madrinha), buscando enxergar, à luz do Espírito Santo, a missão que o Senhor reservou para você no mundo.

Canto: *Preenche meu ser* (p. 95, n. 365).

3º degrau: oração

Quando Deus fala, nós silenciamos para melhor ouvir e entender, mas em nosso interior brota um desejo de também falar com Ele. Este movimento se chama oração. É o que vamos fazer no 3º degrau da leitura orante. Orem a Deus no silêncio de seu coração a partir do texto bíblico lido e meditado.

(Após alguns minutos a catequista orienta que estas orações serão feitas no final desta novena.)

4º degrau: contemplação

Contemplar é olhar com o olhar de Deus. É ver como Deus vê, ou seja, além das aparências. Somente o Espírito da Verdade poderá nos aprofundar mais e mais no olhar contemplativo de Jesus, e em seu coração de irmão e mestre apaixonado pelos seus apóstolos.

Vamos abrir-nos inteiramente a esta ação do Espírito para que nós cresçamos nesta contemplação, pois somente assim a nossa vocação de discípulos(as) vai chegar à maturidade. Jesus aguarda a sua decisão.

- O que Ele pode esperar de você?

Canto: *O Senhor te chamou a trabalhar* (p. 143, n. 629).

IV. Preces espontâneas

Vamos agradecer a Deus pela proteção para não ceder ao que estiver errado neste mundo, pedindo os dons do Espírito Santo para viver bem a nossa vocação e missão de discípulo(a) no meio do mundo, transformando o que precisa ser corrigido.

Rezar um Pai-nosso.

V. Oração e bênção

Oração

Ó Pai, em teu santo nome guarda nossa vida e nossa vocação para seguir sempre os passos de teu Filho Jesus. Dê-nos a graça de consagrar nossa vida com a Verdade do teu Espírito. A quem nós pedimos hoje e sempre. Amém!

Bênção

Deus que nos consagra em seu amor para servir aos irmãos nos abençoe em nome do Pai, do Filho e do Espírito Santo. Amém!

Cântico de Maria

A mãe de Jesus assumiu uma bonita missão, a de fazer a vontade do Pai e ser discípula do próprio Filho. Vamos louvar ao Senhor, confiando que Ele nos dará essa mesma coragem.

> **O Senhor fez em mim maravilhas,**
> **Santo é seu nome.**
> A minha alma engrandece o Senhor
> E exulta o meu espírito em Deus, meu Salvador
> Porque olhou para a humildade de sua serva.
> Doravante as gerações hão de chamar-me de bendita.
> O Poderoso fez em mim maravilhas,
> E santo é seu nome!
> Seu amor para sempre se estende
> Sobre aqueles que o temem.
> Manifesta o poder de seu braço,
> Dispersa os soberbos.
> Derruba os poderosos de seus tronos
> E eleva os humildes.
> Sacia de bens os famintos,
> Despede os ricos sem nada.
> Acolhe Israel, seu servidor,
> Fiel ao seu amor,
> Como havia prometido a nossos pais,
> Em favor de Abraão e de seus filhos para sempre.
> Glória ao Pai e ao Filho e ao Espírito Santo,
> Como era no princípio, agora e sempre! Amém.
>
> (*Ofício Divino das Comunidades*, p. 236-237)

Nono dia da novena

QUEM É JESUS

Objetivo

Pedir ao Pai pelo Espírito Santo que nos revele em profundidade quem é Jesus, que aguarda a confirmação de seu amor.

Preparação do ambiente

A pessoa da casa, juntamente com seu padrinho ou madrinha, prepara o espaço, mantendo os cartazes com o tema e o objetivo. Coloca em destaque a Bíblia, a vela e os símbolos dos sacramentos de Iniciação à Vida Cristã: água, óleo, vinho e pão.

I. Acolhida

Catequista: Estamos no nono dia da nossa novena na busca de aprofundar nossa fé em Jesus Cristo pela ação e força do Espírito Santo. Peçamos neste dia a graça de viver como Jesus viveu. Invoquemos o Santo Espírito cantando.

Canto: *Vem, vem, vem* (p. 93, n. 354) *(Somente o refrão).*
(Ao chegar à porta da casa onde acontecerá a novena todos cantam juntos.)

Canto: *Esta família já foi abençoada...*
(A pessoa da casa acolhe o grupo.)

Mistagogia

II. Oração

Canto: *Envia teu Espírito, Senhor...*

Abertura (*Ofício Divino das Comunidades* – Ofício da tarde, p. 585)

> Verdadeiramente ressurgiu Jesus, (bis)
> Cantemos aleluia! Resplandece a luz! (bis)
> Ao entardecer desse mesmo dia, (bis)
> Sobre os amigos sopras paz e alegria! (bis)
> Glória ao Pai e ao Filho e ao Santo Espírito! (bis)
> Glória à Trindade Santa, glória ao Deus bendito! (bis)
> Aleluia, irmãs, aleluia, irmãos! (bis)
> Cristo é nossa Páscoa, a Deus louvação! (bis)
> Aos cristãos, Senhor, traz a unidade, (bis)
> Para que o mundo creia em tua verdade. (bis)
> O Senhor Jesus lá do céu foi visto, (bis)
> Do Pai vai enviar-nos o seu Santo Espírito. (bis)

Trazendo a vida para a oração

Jesus continua nos questionando: "E vocês, quem dizem que Eu sou"? E para mim, quem são vocês? Ao discípulo fiel o que importa é ser como o seu Mestre. Lembram qual foi a minha ultima lição naquela ceia derradeira? "Eu, que sou o Mestre e o Senhor, lavei os seus pés; por isso vocês devem lavar os pés uns dos outros" (Jo 13,14). Você aceita o meu chamado e a minha escolha de torná-lo(a) meu(minha) discípulo(a)? Se sua resposta é sim, você passa a ser para mim servo(a), assim como eu me tornei vindo até vocês.

Sua decisão por mim e pelo Reino que o Pai me confiou leva-me a concluir que valeu a pena vir ao mundo, sofrer tanto, dando a vida pela sua salvação. Daqui para frente você não será só você, mas uma multidão de discípulos(as). Isso também vai fazer você verdadeiramente feliz. É também para isso que eu vim ao mundo.

Canto: *Ó Pai, somos nós o povo eleito* (p. 144, n. 635).

Salmo 28(29)

Fazer alguns minutos de silêncio para interiorizar a mensagem e, espontaneamente, repetir algum versículo que mais lhe chamou a atenção. No fim, repete-se o refrão do salmo.

III. Ouvindo a Palavra do Senhor

Aclamação à Palavra: Aleluia, aleluia, aleluia.

"Então Pedro disse a Jesus: Senhor, Tu conheces tudo, e sabe que eu te amo."

Proclamação da Palavra: Jo 21,15-17

(Vamos, com atenção, ler mais uma vez o texto, assinalando o que mais lhes chamou a atenção.)

Meditação

(É bom que haja um fundo musical. A catequista que conduz vai suavemente levando o grupo a uma meditação.)

Irmãos e irmãs neófitos, neste final da novena em preparação ao Pentecostes, que também no IV tempo marca o final do catecumenato, Jesus quer deixar em vocês o seu mais importante sinal. Deixem-se conduzir pelo seu Espírito Santo.

(Pode-se fazer de novo a leitura de Jo 21,15-17 de maneira bem pausada.)

Ao invés de se dirigir a Simão Pedro, Jesus se dirige a cada um de vocês, questionando sobre o amor a Ele.

Cada um será chamado pelo nome para responder a pergunta que Jesus fez: (N), tu me amas?

- Vocês estão dispostos a assumir verdadeiramente a vocação que receberam no batismo?
- Como comunidade de irmãos e irmãs, vocês querem ser verdadeiros discípulos(as) de Jesus?
- Vocês estão dispostos a ser enviados para dar conta dos serviços que escolheram na comunidade para o bem da Igreja e do bem comum?

Então, meu irmão e minha irmã, cuide bem da vocação que recebeu. Cuide com amor daqueles que Deus vai colocar à sua frente. Cuide dos doentes, das crianças, dos jovens, das mulheres...

Jesus os convida ainda a zelar pela justiça, pela solidariedade, pela compaixão, pela ternura, construindo uma vida centrada nos valores do Evangelho.

Jesus também os chama para cuidar da sua Igreja.

Mergulhe nesse convite para poder experimentar em profundidade o amor de Jesus em sua vida *(O fundo musical pode continuar).*

Canto: *Me chamastes para caminhar* (p. 132, n. 571).

IV. Preces espontâneas

Vamos agradecer ao Pai e a Jesus pelo dom do Espírito de Amor que nos conduziu ao longo deste caminho. É também o momento de pedir a graça de um dom maior – o amor que gera a comunidade cristã, o seu mais precioso fruto.

(Cada um se expressa em oração espontânea.)

Rezar o Pai-nosso.

V. Oração e bênção

Oração

Senhor Jesus, como é maravilhoso experimentar assim teu infinito amor por nós. Dá-nos em plenitude o amor do Pai e do teu Espírito da Verdade, para que possamos corresponder melhor a este amor que de ti recebemos, tornando-nos discípulos(as) completamente entregues à missão em teu Reino. Agora e até o fim de nossas vidas. Amém!

Bênção

Que a bênção de Deus mergulhe-nos no Mistério do Pai Criador, do Filho Redentor e do Espírito Santificador. Amém!

Cântico de Maria

A Maria Jesus nem precisou perguntar se ela o amava. Seu amor a Deus e seu amor de mãe, alimentados pela graça, deram a ela tudo que era preciso para dar conta da grande missão que lhe foi confiada. Ela soube, mesmo nos momentos difíceis, fazer a vontade do Pai e ser discípula do próprio filho. Vamos louvar ao Senhor, como ela fez, pedindo que essa mesma coragem e disponibilidade esteja presente em nossa vida.

> **O Senhor fez em mim maravilhas,**
> **Santo é seu nome.**
> A minha alma engrandece o Senhor
> E exulta o meu espírito em Deus, meu Salvador
> Porque olhou para a humildade de sua serva.
> Doravante as gerações hão de chamar-me de bendita.
> O Poderoso fez em mim maravilhas,
> E santo é seu nome!
> Seu amor para sempre se estende
> Sobre aqueles que o temem.
> Manifesta o poder de seu braço,
> Dispersa os soberbos.
> Derruba os poderosos de seus tronos
> E eleva os humildes.
> Sacia de bens os famintos,
> Despede os ricos sem nada.
> Acolhe Israel, seu servidor,
> Fiel ao seu amor,
> Como havia prometido a nossos pais,
> Em favor de Abraão e de seus filhos para sempre.
> Glória ao Pai e ao Filho e ao Espírito Santo,
> Como era no princípio, agora e sempre! Amém.
>
> (*Ofício Divino das Comunidades*, p. 236-237)

Rumo à Solenidade de Pentecostes
VIGÍLIA

As mais importantes celebrações da Igreja, como o Dia do Senhor, as solenidades, as festas do Senhor, da Santa Virgem Maria e dos santos, são sempre antecedidas por uma vigília. Neste momento tão importante do caminho, quando o catecumenato, no tempo e no espaço, está chegando ao final, nesta solenidade essencial na vida da Igreja é de suma importância que a equipe do catecumenato prepare e celebre com os neófitos esta vigília de Pentecostes. É o Espírito Santo de Deus que irá continuar sustentando no amor, no entusiasmo e na perseverança estes novos cristãos.

Seguindo este roteiro, esta vigília acontece às vésperas do Domingo de Pentecostes – no sábado à noite –, todos encontrarão motivos para celebrar com alegria a vigília que os preparam para mergulhar profundamente no Mistério do Espírito de Deus, que renova e santifica a Igreja.

Abertura (Versão do *Ofício Divino das Comunidades*, p. 588)

Verdadeiramente ressurgiu Jesus, (bis)
Cantemos aleluia! Resplandece a luz! (bis)
Seu amor por nós é firme para sempre, (bis)
Sua fidelidade dura eternamente! (bis)
Venham e cantemos com muita alegria, (bis)
Espírito Divino brilhou neste dia! (bis)
(Acendem-se as velas)
O amor de Deus em nós derramado, (bis)
Qual Mãe consoladora já nos foi doado. (bis)
Tua luz, Senhor, clara como o dia, (bis)
É chama que incendeia e traz alegria. (bis)
Nossas mãos orantes, para os céus subindo, (bis)
Cheguem como oferenda ao som deste hino! (bis)
Glória ao Pai e ao Filho e ao Espírito! (bis)

> Glória à Trindade Santa, glória ao Deus bendito! (bis)
> Aleluia, irmãs, aleluia, irmãos! (bis)
> Suba do mundo inteiro a Deus louvação! (bis)

Recordação da vida

(É importante acolher as pessoas que estão chegando, colocando em destaque os membros do CPP e outras lideranças da paróquia, bem como os neófitos e a equipe do catecumenato. Tanto os catequistas como os acompanhantes poderão partilhar os momentos mais marcantes da presença do Espírito Santo no decorrer do caminho. Ainda, podem ser lembradas ações importantes da comunidade que são suscitadas pelo Espírito.)

Canto: Estaremos aqui reunidos (p. 89, n. 336).

Salmo 68(67)

Aclamação à Palavra: Aleluia, aleluia, aleluia!

Se alguém tem sede, venha a mim, e aquele que acredita em mim, beba (Jo 7,37-38).

Proclamação da Palavra: Jo 7,37-39

Meditação

- O que mais chamou a atenção no texto?
- Jesus se coloca como água que mata a sede. O que Ele quer dizer com isso?
- Qual é a atitude do cristão para acolher esta novidade anunciada por Jesus?
- Qual o gesto concreto a que me leva esta Palavra de Jesus? Sou capaz de fazer o que esta Palavra me pede?

Cântico evangélico

Maria estava com eles no Dia de Pentecostes. Ela, a primeira discípula, sempre acolheu em sua vida o convite que Deus fez. Com ela, em uma só voz, nesta festa cantemos as maravilhas de Deus que envia seu Espírito para renovar a face da terra e a face da Igreja.

> **O Senhor fez em mim maravilhas,**
> **Santo é seu nome.**
> A minha alma engrandece o Senhor
> E exulta o meu espírito em Deus, meu Salvador;
> Porque olhou para a humildade de sua serva
> Doravante as gerações hão de chamar-me de bendita.
> O Poderoso fez em mim maravilhas,
> E santo é seu nome!
> Seu amor para sempre se estende
> Sobre aqueles que o temem.
> Manifesta o poder de seu braço,
> Dispersa os soberbos.
> Derruba os poderosos de seus tronos
> E eleva os humildes.
> Sacia de bens os famintos,
> Despede os ricos sem nada.
> Acolhe Israel, seu servidor,
> Fiel ao seu amor,
> Como havia prometido a nossos pais,
> Em favor de Abraão e de seus filhos para sempre.
> Glória ao Pai e ao Filho e ao Espírito Santo,
> Como era no princípio, agora e sempre! Amém.
> (*Ofício Divino das Comunidades*, p. 236-237)

Preces

Quem preside: Invoquemos ao Pai que na sua bondade nos dê a graça da vinda do Espírito Santo para renovar nossos corações e nossa Igreja. Rezemos:

Todos: Pai, em nome de Jesus dá-nos o teu Espírito!

Leitor: Desperte em nós, Deus Pai, a abertura dos corações para acolher a Palavra renovadora da vida que Jesus anunciou para o nosso bem.

Todos: Pai, em nome de Jesus dá-nos o teu Espírito!

Leitor: Deus, pelo Santo Espírito, nos dê a graça de crer em Jesus, Caminho, Verdade e Vida.

Todos: Pai, em nome de Jesus dá-nos o teu Espírito!

Leitor: Deus de amor, dai a graça de que possamos sempre mais aumentar a nossa fé e fazei frutificá-la em frutos que promovam vida.

Todos: Pai, em nome de Jesus dá-nos o teu Espírito!

Leitor: Pai, dê-nos um Espírito novo para que possamos glorificar Jesus nosso redentor e salvador, assumindo os mesmos sentimentos **que havia nele.**

Todos: Pai, em nome de Jesus dá-nos o teu Espírito!

Leitor: Por teu Espírito Santo, renove os corações dos fiéis e o coração da Igreja, para sermos um sinal visível do teu amor neste mundo.

Todos: Pai, em nome de Jesus dá-nos o teu Espírito!

Leitor: Dai aos novos cristãos, que receberam os sacramentos na noite santa, a graça da fidelidade e da perseverança no caminho, onde são chamados a serem testemunhas e seguidores de Jesus.

Todos: Pai, em nome de Jesus dá-nos o teu Espírito!

Quem preside: Ó Deus que enviaste o Espírito Vivificador sobre nós, cumule-nos de vida nova e alegria para anunciar a Ressurreição de Jesus, teu Filho, nosso Salvador. Amém!

Pai nosso...

Oração

Deus, que instruíste os corações dos teus fiéis com a luz do Espírito Santo, faze que apreciemos retamente todas as coisas, segundo o mesmo Espírito, e gozemos sempre de sua consolação. Por Cristo, Nosso Senhor. Amém!

Bênção

O Senhor, que derramou em nossos corações o seu amor, nos encha de alegria e consolação, agora e para sempre. Amém.

(*Ofício Divino das Comunidades*, p. 590)

Missa de Pentecostes

Preparação do ambiente

Preparando o espaço, vamos colocar em lugar bem visível:

- Símbolo do Espírito Santo com os sete dons (pode ser colocado na parede);
- Candelabro para sete velas;
- Sete velas para colocar no candelabro (sete novos cristãos entram com essas velas);
- Imagem de Nossa Senhora Aparecida;
- Vestes brancas para os novos cristãos.

(Os novos cristãos acolhem nas portas os que chegam para a celebração, entregando um cartão com a oração do Espírito Santo.)

Comentário: Bem-vindos(as). Celebramos hoje a Festa de Pentecostes. Cinquenta dias foram celebrados com reflexões sobre a luz da ressurreição de Jesus e com eles nos preparamos intensamente para acolher a grandeza do Mistério de Deus em sua totalidade: um Espírito que faz novas todas as coisas e nos envia em missão. O Espírito do Senhor desceu sobre os apóstolos após a ressurreição e Maria estava com eles. Assim também esse Espírito desce sobre nós e nos convoca ao anúncio da Palavra de Jesus. Celebrando esta festa recebemos um novo vigor e impulso para fazer de nossas vidas um verdadeiro testemunho de Cristo ressuscitado, criando e recriando em nossas comunidades novas atitudes de solidariedade, justiça e paz. Fiquemos em pé para darmos início à celebração e recebermos, cantando, a equipe de celebração e seu presidente.

(Procissão de entrada com cruz, evangeliário, sete velas acesas, ministros e o padre, que entra com o Círio Pascal aceso.)

Canto: *A nós descei, Divina Luz* (p. 92, n. 353).

Saudação inicial

Que a graça de Nosso Senhor Jesus Cristo, o amor do Pai que nos envia em missão e a força do Espírito Santo que nos consagra para o anúncio do seu amor estejam sempre convosco.

Todos: Bendito seja Deus que nos reuniu no amor de Cristo.

Ato penitencial

Desejando que nossos corações estejam livres de todo mal e prontos para uma ação a serviço do Reino, peçamos ao Pai que, por Jesus Cristo, perdoe nossos pecados e envie seu Espírito transformador e santificador sobre nós e sobre toda a Igreja para sermos sinal de unidade neste mundo.

Canto: *Pelos pecados* (p. 194, n. 896).

Glória (*conforme costume da comunidade*)

> **Oração**
>
> Ó Deus, que, pelo mistério da festa de hoje, santificais a vossa Igreja inteira, em todos os povos e nações, derramai por toda a extensão do mundo os dons do Espírito Santo e realizai agora, no coração dos fiéis, as maravilhas que operastes no início da pregação do Evangelho. Por Nosso Senhor Jesus Cristo na unidade do Espírito Santo.
>
> Amém.
>
> *(Missal, p. 318.)*

Liturgia da Palavra

Comentário: Falar a linguagem do Espírito é falar a linguagem do amor. É falar para que todos compreendam. O Espírito que recebemos no batismo nos convida a formar um só corpo e um só espírito: a formar comunidade. Ouçamos atentamente as leituras e acolhamos sua mensagem.

1ª leitura: At 2,1-11

Salmo: 103(104),1ab.24ac.29bc-30.31.34 – R. 30
Enviai o vosso Espírito, Senhor,
E da terra toda a face renovai.

Bendize, ó minha alma, ao Senhor!
Ó meu Deus e meu Senhor, como sois grande!
Quão numerosas, ó Senhor, são vossas obras!
Encheu-se a terra com as vossas criaturas!
Se tirais o seu respiro, elas perecem
E voltam para o pó de onde vieram.
Enviais o vosso Espírito e renascem
E da terra toda a face renovais.
Que a glória do Senhor perdure sempre,
E alegre-se o Senhor em suas obras!
Hoje seja-lhe agradável o meu canto,
Pois o Senhor é a minha grande alegria!

2ª leitura: 1Cor 12,3-7.12-13

Sequência:
Espírito de Deus,
Enviai dos céus
Um raio de luz!

Vinde, Pai dos pobres,
Dai aos corações
Vossos sete dons.

Consolo que acalma,
Hóspede da alma,
Doce alívio, vinde!

No labor descanso,
Na aflição remanso,
No calor aragem.

Enchei, luz bendita,
Chama que crepita,
O íntimo de nós!

Sem a luz que acode,
Nada o homem pode,
Nenhum bem há nele.

Ao sujo lavai,
Ao seco regai,
Curai o doente.

Dobrai o que é duro,
Guiai no escuro,
O frio aquecei.

Dai a vossa Igreja,
Que espera e deseja,
Vossos sete dons.

Dai em prêmio ao forte
Uma santa morte,
Alegria eterna.
Amém.

Aclamação à Palavra

Aleluia, aleluia, aleluia!

"A paz esteja com vocês. Assim como o Pai me enviou, eu também envio vocês" (Jo 20,21).

Proclamação do Evangelho: Jo 20,19-23

Homilia

Profissão de fé

Quem preside: Vocês creem em Deus Pai, criador do céu e da terra, que fez o homem e a mulher a sua imagem e semelhança?

Todos: Creio.

Quem preside: Vocês creem em Jesus Cristo, que foi concebido pelo poder do Espírito Santo e nasceu da Virgem Maria?

Todos: Creio.

Quem preside: Vocês creem em Jesus Cristo, aquele que foi morto, crucificado e ressuscitado pela nossa salvação?

Todos: Creio.

Quem preside: Vocês creem na santa Igreja Católica como comunidade de irmãos e irmãs que se reúnem em nome de seu Senhor e Redentor?

Todos: Creio.

Quem preside: Vocês creem na comunhão dos santos, na ressurreição da carne e na vida eterna?

Todos: Creio.

Preces da assembleia

Quem preside: Supliquemos ao Pai que derrame em nossos corações o seu Espírito de amor para que com Ele renovemos a face da terra e a face da Igreja.

Todos: Pai, em nome de Jesus, dá-nos o teu Espírito.

Leitor: Dai a estes neófitos, Senhor Jesus, a plenitude do vosso Espírito de Fortaleza para que lutem, com toda a vossa força, contra tudo que seja obstáculo para perseverar no vosso caminho.

Todos: Pai, em nome de Jesus, dá-nos o teu Espírito.

Leitor: Dai-lhes, Senhor Jesus, o Espírito do ardor missionário, para que abracem com amor a missão de discípulos(as) a serviço do vosso Reino.

Todos: Pai, em nome de Jesus, dá-nos o teu Espírito.

Leitor: Pelos neófitos, para que estejam abertos e acolham o Espírito de doação e zelo pela comunidade em que vivem, roguemos ao Senhor.

Todos: Pai, em nome de Jesus, dá-nos o teu Espírito.

Leitor: Para que nos corações dos neófitos brote o desejo cada vez maior pela leitura orante da Bíblia e para que por ela possam descobrir a missão para a qual o Espírito Santo os convoca, roguemos ao Senhor.

Todos: Pai, em nome de Jesus, dá-nos o teu Espírito.

Leitor: Para que todos reconheçam na comunidade cristã reunida em cada liturgia a ação do próprio Cristo e de seu Espírito, roguemos ao Senhor.

Todos: Pai, em nome de Jesus, dá-nos o teu Espírito.

Leitor: Para que o Espírito Santo dê a cada um dos neófitos o dom da ciência e do discernimento, para escolher e construir caminhos de justiça e de paz, roguemos ao Senhor.

Todos: Pai, em nome de Jesus, dá-nos o teu Espírito.

Leitor: Para que o Espírito Santo derrame sobre os neófitos o Espírito do Temor a Deus, para que nenhum deles se afaste da lei de amor que leva a construir um mundo melhor, roguemos ao Senhor.

Todos: Pai, em nome de Jesus, dá-nos o teu Espírito.

Leitor: Para que a Igreja se deixe guiar pelo Espírito Santo, levando homens e mulheres a experimentar a graça e o poder do Ressuscitado, roguemos ao Senhor.

Quem preside: Ó Deus, acolhe cada filho(a) que está na tua presença e transforma-os cada vez mais, pela Palavra de teu Filho Jesus, em anunciador do teu amor na unidade do Espírito Santo. Amém.

Preparação das oferendas

Comentário: É o Espírito Santo quem transforma os dons do pão e do vinho em Corpo e Sangue de Jesus, que se tornam nosso alimento. Apresentemos ao altar do Senhor, pelo mesmo Espírito, nossa vocação para o discipulado e nossa vida, para que também sejam consagradas. Cantemos alegres.

Canto: *Minha vida tem sentido* (p. 154, n. 701)

Comunhão

Comentário: Jesus é dom maior para nossa vida. Pela mesa da Eucaristia somos irmãos e irmãs e nos comprometemos mutuamente a crescer no cuidado, no respeito e na oração uns para com os outros. Vamos ao encontro daquele que nos amou primeiro. Reconhecendo com alegria sua presença entre nós, cantemos.

Canto: *Cantar a beleza da vida* (p. 91, n. 347)

Entrada da bandeira do divino

(Um neófito entra pelos corredores com a bandeira do divino enquanto os demais acendem as velas da assembléia.)

Canto: *A bandeira do divino.*

Bênção final

UMA PALAVRA PARA CONCLUIR

Revestidos pelo Espírito Santo de Deus, assistidos ininterruptamente pela sua graça e suas bênçãos, estamos no tempo e no espaço humanos, às vésperas do final desta sublime e edificante vivência da catequese com jovens e adultos conforme o modelo do catecumenato da Igreja nos primeiros séculos.

A Palavra de Deus, sobretudo a que nos foi revelada a partir do Verbo "que se fez carne e habitou entre nós", sempre ocupou o lugar central em nossos encontros de evangelização e catequese. Contemplando a face do Mestre e a Luz do Espírito Santo, que Ele e o Pai nos enviaram, vamos concluir acolhendo a sua Palavra.

"Se vocês me amam, obedecerão aos meus mandamentos. Então eu pedirei ao Pai, e Ele dará a vocês outro Advogado, para que permaneça com vocês para sempre. Ele é o Espírito da Verdade, que o mundo não pode acolher, porque não o vê nem o conhece. Vocês o conhecem, porque Ele mora com vocês e estará com vocês. Eu não deixarei vocês órfãos, mas voltarei para vocês. Mais um pouco e o mundo não me verá, mas vocês me verão, porque eu vivo, e também vocês viverão. Nesse dia, vocês conhecerão que eu estou em meu Pai, vocês em mim e eu em vocês. Quem aceita os meus mandamentos e a eles obedece, esse é que me ama. E quem me ama será amado por meu Pai. Eu também o amarei e me manifestarei a Ele" (Jo 14,15-21).

Estamos mergulhados(as) no mistério de um Deus a quem descobrimos poder chamar *Abbá*, Pai. Jesus completou essa revelação chamando-o também de Espírito Paráclito, Consolador, Hóspede da Alma. Assim plenificados, podemos abraçar sem medo nossa vocação e missão de discípulos(as) desse Reino que um dia nos alcançou.

Deus deseja continuar alcançando, através de nós, as multidões de jovens e adultos sedentos de um novo caminho para suas vidas. Para a nossa perfeita alegria, queremos estar sempre a serviço de

Deus em sua Igreja, mãe e mestra neste novo caminho, que vai nos confirmar nessa missão.

Acabamos de apresentar a você o quinto volume da Coleção Iniciação à Vivência Cristã, fruto de uma profunda e séria experiência vivida em nossa realidade que agora lhes confiamos.

Para concluir. Esta experiência foi e sempre será gratificante tanto para a equipe do catecumenato quanto para aqueles que realizaram em suas vidas este belo caminho. Uma Igreja que acolhe e vive a proposta da Iniciação à Vida Cristã é, sem dúvida, uma Igreja mergulhada na Palavra que se tornou Verbo Encarnado. Ela, assim, quer continuar sendo discípula de seu Redentor e Salvador, que levará à plenitude o Mistério Pascal.

Referências

Bíblia Sagrada – Edição Pastoral. 72. impr. São Paulo: Paulus, 1990.

CLARENCE, J.E. *Cristo, minha vida*. 38. ed. São Paulo: Paulinas, 2004.

Documento de Aparecida. Brasília/São Paulo: CNBB/Paulinas/Paulus, 2007.

KOLLING, M.T.; PRIM, J.L. & BECKHÄUSER, A. (orgs.). *Cantos e orações* – Para a liturgia da missa, celebrações e encontros. 3. ed. Petrópolis: Vozes, 2008.

Ofício Divino das Comunidades (ODC). 14. ed. São Paulo: Paulus, 2007.

Os autores

MARIA AUGUSTA BORGES é leiga consagrada. Natural de Araguari, MG. Formada em Teologia. Possui formação em Liturgia pela Rede Celebra e na área Bíblico-catequética. Reside na Paróquia São Domingos, Diocese de Goiás, onde assessora a Pastoral Catequética.

Pe. LEANDRO FRANCISCO PAGNUSSAT é assessor diocesano da Comissão Bíblico-catequética na Diocese de Goiás. Especializando em Pedagogia Catequética pela Pontifícia Universidade Católica de Goiás/PUC-Goiás. É pároco da Paróquia São Domingos, em Itapirapuã, Diocese de Goiás.

CULTURAL
Administração
Antropologia
Biografias
Comunicação
Dinâmicas e Jogos
Ecologia e Meio Ambiente
Educação e Pedagogia
Filosofia
História
Letras e Literatura
Obras de referência
Política
Psicologia
Saúde e Nutrição
Serviço Social e Trabalho
Sociologia

CATEQUÉTICO PASTORAL
Catequese
 Geral
 Crisma
 Primeira Eucaristia

Pastoral
 Geral
 Sacramental
 Familiar
 Social
 Ensino Religioso Escolar

TEOLÓGICO ESPIRITUAL
Biografias
Devocionários
Espiritualidade e Mística
Espiritualidade Mariana
Franciscanismo
Autoconhecimento
Liturgia
Obras de referência
Sagrada Escritura e Livros Apócrifos

Teologia
 Bíblica
 Histórica
 Prática
 Sistemática

REVISTAS
Concilium
Estudos Bíblicos
Grande Sinal
REB (Revista Eclesiástica Brasileira)
SEDOC (Serviço de Documentação)

VOZES NOBILIS
Uma linha editorial especial, com importantes autores, alto valor agregado e qualidade superior.

PRODUTOS SAZONAIS
Folhinha do Sagrado Coração de Jesus
Calendário de Mesa do Sagrado Coração de Jesus
Agenda do Sagrado Coração de Jesus
Almanaque Santo Antônio
Agendinha
Diário Vozes
Meditações para o dia a dia
Guia Litúrgico

VOZES DE BOLSO
Obras clássicas de Ciências Humanas em formato de bolso.

CADASTRE-SE
www.vozes.com.br

EDITORA VOZES LTDA.
Rua Frei Luís, 100 – Centro – Cep 25689-900 – Petrópolis, RJ – Tel.: (24) 2233-9000 – Fax: (24) 2231-4676 – E-mail: vendas@vozes.com.br

UNIDADES NO BRASIL: Aparecida, SP – Belo Horizonte, MG – Boa Vista, RR – Brasília, DF – Campinas, SP
Campos dos Goytacazes, RJ – Cuiabá, MT – Curitiba, PR – Florianópolis, SC – Fortaleza, CE – Goiânia, GO – Juiz de Fora, MG
Londrina, PR – Manaus, AM – Natal, RN – Petrópolis, RJ – Porto Alegre, RS – Recife, PE – Rio de Janeiro, RJ
Salvador, BA – São Luís, MA – São Paulo, SP
UNIDADE NO EXTERIOR: Lisboa – Portugal